PETITE
HISTOIRE NATURELLE

DES ÉCOLES

Simples Notions
sur les minéraux, les plantes et les animaux
qu'il est le plus utile de connaître

Par M. le docteur SAUCEROTTE

Chevalier de la Légion d'honneur
Officier de l'Instruction publique.

PARIS

IMPRIMERIE ET LIBRAIRIE CLASSIQUES

Maison Jules Delalain et Fils

DELALAIN FRÈRES, Successeurs

56, RUE DES ÉCOLES.

PETIT COURS

DE SCIENCES USUELLES

HISTOIRE NATURELLE.

PETITE
HISTOIRE NATURELLE
DES ÉCOLES

Simples Notions
sur les minéraux, les plantes et les animaux
qu'il est le plus utile de connaître

Par M. le docteur SAUCEROTTE

Chevalier de la Légion d'honneur
Officier de l'Instruction publique.

VINGT ET UNIÈME ÉDITION
Revue, modifiée, et ornée de nouvelles gravures.

PARIS

IMPRIMERIE ET LIBRAIRIE CLASSIQUES

Maison Jules Delalain et Fils
DELALAIN FRÈRES, Successeurs
56, RUE DES ÉCOLES.

La première édition de cet ouvrage a été approuvée pour les Écoles publiques, sur avis conforme du Conseil supérieur, par décision en date du 6 décembre 1856.

Toute contrefaçon sera poursuivie conformément aux lois; tous les exemplaires sont revêtus de notre griffe.

AVERTISSEMENT.

Les Notions des Sciences naturelles, applicables aux usages de la vie, sont au nombre des matières qu'on verra toujours figurer dans un programme bien entendu de l'enseignement primaire et secondaire.

Le succès incessant qu'a obtenu ce petit ouvrage témoigne moins sans doute de son mérite que de l'empressement qu'ont mis MM. les instituteurs à répondre aux exigences de notre temps.

Désirant, autant qu'il est en moi, leur aplanir les difficultés inséparables d'un enseignement qui leur était resté longtemps étranger, je crois à propos d'entrer ici dans quelques explications sur la manière dont on doit enseigner les notions des sciences naturelles dans les écoles.

On ne demande pas à l'instituteur de former des petits savants, mais des enfants sensés qui puissent faire tourner à leur profit, les leçons qu'ils auront reçues. Il ne s'agit donc pas de les initier à cette vaste science qu'on appelle l'*Histoire naturelle,* mais seulement de leur faire connaître, dans les trois règnes, les objets dont ils peuvent retirer quelque utilité, au sujet desquels on peut faire naître d'utiles réflexions morales, ou enfin qui peuvent piquer leur curiosité et exciter en eux le désir d'apprendre.

Tels sont les principes dont je suis parti pour composer ce petit livre. Ainsi, en parlant des minéraux, je ne me suis pas avisé de mentionner ceux qui ne sont connus que des naturalistes ; mais j'ai traité de ceux que nous faisons servir journellement à nos besoins, à notre industrie, comme le charbon de terre, le soufre, le fer, le cuivre, etc. J'ai agi de même à l'égard des plantes et des animaux. Ceux que nous n'avons pas un intérêt particulier à connaître, ont été généralement passés sous silence. Je n'ai admis d'exception à cette règle générale que relativement à quelques êtres dont la singularité est bien propre à aiguillonner dans les enfants le désir d'étudier la nature, ou en faveur de ceux qui sont pour nous le sujet d'utiles leçons (car les animaux peuvent souvent servir d'exemple aux hommes), ou bien qui élèvent naturellement l'âme vers l'idée d'une Providence, dont la prévoyance éclate autant dans la création du chétif insecte que nous foulons sous nos pieds sans l'apercevoir, que dans le gouvernement de ces astres qui roulent majestueusement sur nos têtes !

Ainsi donc, en ne présentant dans ce livre que ce que les enfants de nos écoles doivent connaître, j'ai évité au maître l'embarras d'un choix qui suppose déjà la connaissance des objets dont on traite.

Relativement au style et à la simplicité d'expression que j'ai cherché constamment à atteindre, j'ai dû nécessairement compter sur le zèle du maître à m'aider dans cette tâche, à éclaircir le sens des mots, à rendre sensible l'expression abstraite par des comparaisons, par des développements, qui ne pouvaient entrer dans ce petit volume sans en dépasser de beaucoup les bornes obligées. Au reste, rien n'est plus à la portée des enfants que ce que je leur enseigne ici. Le célèbre Rollin, dont les préceptes pleins de sagesse sont encore respectés aujourd'hui, appelait cette étude la *Physique des enfants*, et la regardait comme éminemment propre à intéresser leur esprit, à élever leur cœur. En général, rien n'entre plus facilement dans l'intelligence que ce qui y arrive par les sens, c'est-à-dire ce qu'on peut nous faire voir ou toucher. J'engage donc MM. les instituteurs à montrer à leurs élèves toutes les plantes dont ils connaissent le nom ou les propriétés, à rassembler dans le même but les minéraux les plus communs dans le pays qu'ils habitent. Il n'est pas de contrée où l'on n'exploite, par exemple, de la pierre à chaux, de la pierre à plâtre, de la tourbe ; où l'on ne trouve des marnes, des terres à poteries, des pierres de sable, etc. Il ne faut négliger aucune de ces sources d'instruction. A la campagne, où l'on est entouré de toutes les productions naturelles, on n'a qu'à ouvrir les yeux, en quelque sorte, pour apprendre. L'Histoire naturelle est une savante compagne qui ne laisse aucun moment perdu, qui fait tourner nos délassements eux-mêmes au profit de notre instruction. Grâce à elle, on n'observe pas un fait qui ne soit une source de réflexions utiles ; on ne revient pas d'une promenade sans en rapporter quelque connaissance nouvelle, et j'ose le dire, sans en être meilleur : car l'âme ne peut que gagner à se rapprocher ainsi de la nature, à contempler la sagesse du Créateur, dans l'œuvre merveilleuse de la création.

On trouvera dans la *Petite Physique* et dans la *Petite Chimie*, qui font aujourd'hui partie de notre *Petit Cours de Sciences usuelles*, les notions destinées à compléter l'enseignement sur les points qui, notamment pour l'étude du règne minéral, nécessitent quelque explication ou quelque développement.

TABLE DES MATIÈRES.

INTRODUCTION.

DEUXIÈME PARTIE : LE RÈGNE VÉGÉTAL.

TROISIÈME PARTIE : LE RÈGNE ANIMAL.

FIN DE LA TABLE.

PETITE
HISTOIRE NATURELLE
DES ÉCOLES.

INTRODUCTION.

Ce que c'est que l'Histoire naturelle, et ce qu'on apprendra dans ce livre.

L'*Histoire Naturelle* est la description des êtres qui sont sur la terre et des corps qu'elle renferme dans son sein.

Il n'y a point d'étude plus propre à intéresser l'esprit, à élever le cœur. — En effet, il est impossible de ne pas être saisi d'admiration à la vue des productions innombrables de la nature, et de ne pas éprouver des sentiments de respect, de reconnaissance pour Dieu, l'auteur de tant de merveilles. — Ensuite, quel intérêt n'avons-nous pas à connaître tant de choses qui nous sont nécessaires tous les jours : les *pierres*, que nous employons pour élever nos habitations ; les *métaux*, que nous mettons en œuvre pour une foule d'usages ; les *plantes*, qui nous fournissent notre nourriture et de salutaires remèdes ; les *animaux*, qui se divisent en tant de classes différentes, dont tant d'espèces nous sont utiles pour notre subsistance et pour nos travaux, et dont la manière de vivre est si curieuse à étudier ! — Car, dans sa prévoyance infinie, la Providence a accordé à chaque climat ses productions particulières, celles qui sont le mieux appropriées aux besoins de chaque être, et de l'homme en particulier. Ainsi il y a des plantes pour toutes les régions habitables du globe : il y en a pour chaque genre de terrain, pour chaque exposition. — Il en est de même des nombreuses tribus d'animaux qui, malgré leur diversité de formes, d'instincts, de besoins, se trouvent partout dans les conditions les plus favorables à leur destination et à l'utilité que nous en retirons. — Partout s'offrent, dans les profondeurs du sol, des substances minérales, sources de richesses, auxiliaires précieux de l'industrie et de la civilisation.

1.

— En tous lieux enfin éclatent la magnificence et la libéralité du divin Créateur de toutes choses.

On a rangé dans trois grandes divisions, nommées *règnes*, les êtres et les corps qu'on trouve à la surface ou dans l'intérieur de la terre, savoir :

1º Le *règne minéral*, comprenant les *minéraux*, c'est-à-dire toute espèce de métal, de pierre, de sel, qui se trouve dans la terre ;

2º Le *règne végétal*, comprenant tous les *végétaux*, c'est-à-dire toute espèce de plantes : les arbres, les fleurs, les fruits, les légumes, etc ;

3º Le *règne animal*, comprenant tous les *animaux*, depuis le plus petit insecte jusqu'à l'éléphant, depuis le plus humble ver jusqu'à la baleine.

Vous apprendrez ainsi à connaître, dans ce petit livre, les *minéraux*, les *plantes* et les *animaux* qui peuvent nous être le plus utiles, ou qui sont le plus curieux à étudier dans les trois règnes de la nature. — — Ce sera l'objet de trois parties distinctes, savoir :

1re Partie : le *règne minéral* ou la *minéralogie*;

2e Partie : le *règne végétal* ou la *botanique*;

3e Partie : le *règne animal* ou la *zoologie*.

PREMIÈRE PARTIE.

LE RÈGNE MINÉRAL.

CHAPITRE Ier.

Le globe terrestre. — L'air. — Les eaux. — La terre. — Explication de quelques termes relatifs aux minéraux.

1. Le globe terrestre que nous habitons comprend trois parties principales : l'*air*, les *eaux*, la *terre*.

2. L'air. — L'*air* forme autour de la terre une enveloppe transparente qui a plusieurs lieues de hauteur.

Nous ne voyons pas l'air qui est autour de nous; mais quand nous pouvons le découvrir à de grandes distances, il prend une couleur bleue. — C'est l'air qui forme au-dessus de nos têtes cette belle voûte qu'on nomme le *ciel.*

3. Plus on s'élève, plus l'air est froid. — Voilà pourquoi la neige ne fond jamais sur les hautes chaînes de montagnes.

Quoique nous nous apercevions à peine que l'air existe, s'il venait à manquer, nous ne pourrions plus vivre, non plus qu'aucun autre animal.

4. Les eaux. — L'*eau*, qui n'est pas moins nécessaire aux êtres animés, se présente sous l'aspect de vastes mers, de lacs, de fleuves, de rivières, de sources, etc.

L'eau de la mer est salée. — L'eau des fleuves, des rivières, des sources, etc., qui n'est pas salée, s'appelle *eau douce.*

Les mers couvrent plus des trois quarts de la surface de la terre. Leur profondeur paraît être à peu près aussi considérable que l'élévation des montagnes sur la surface du globe.

5. On dit que l'eau est *liquide*, quand elle est coulante, comme dans les rivières, les sources, etc. — On dit qu'elle est *solide*, quand elle est gelée, ou qu'elle forme de la glace. — Enfin, on dit qu'elle est en *vapeurs*, quand elle forme des brouillards dans l'air.

6. Une partie des eaux s'élève continuellement dans l'air en vapeurs. — Arrivées à une certaine hauteur, ces vapeurs forment les nuages, qui retombent en pluies. — Ces pluies pénètrent dans la terre et s'y amassent à une certaine profondeur en réservoirs qui alimentent les sources. — C'est de ces sources que partent les fleuves, les rivières, les ruisseaux [1].

7. La terre. — La *terre*, ou la partie solide du globe, est formée de matières pierreuses, sablonneuses ou terreuses, déposées par

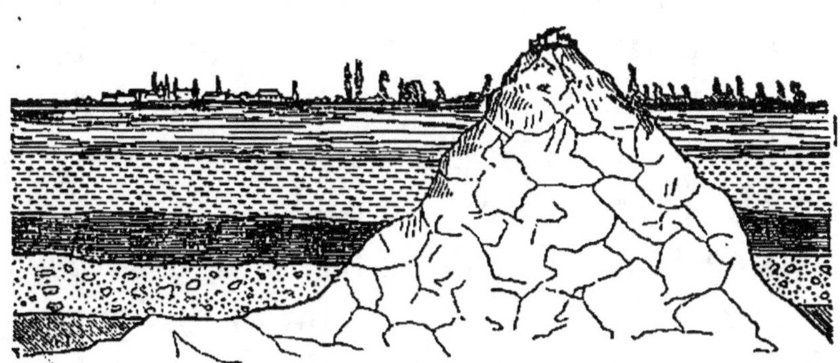

Fig. 1. — Terrains disposés par couches et traversés par des masses minérales non formées de couches, et d'où résulte une montagne.

1. Voir, pour plus de détails, notre *Petite Physique* et notre *Petite Chimie.*

couches qui se recouvrent les unes les autres, et de masses minérales sans forme déterminée qui traversent ces couches.

De là résultent les montagnes, les plaines et les vallées. — Les montagnes sont disposées de la manière la plus propre à verser dans les différentes contrées les fleuves qui les fertilisent, et dont elles sont le réservoir.

8. Les minéraux. — On appelle *minéralogie* la science qui traite des *minéraux*, de leurs propriétés, des terrains où on les trouve, de leurs usages. — On appelle *géologie* l'étude des *terrains* qui composent la partie solide du globe, et de leur formation.

9. On donne le nom de *roche* à toute substance minérale qui existe en grande masse. — Un terrain est toujours composé de plusieurs espèces de roches.

Il ne faut pas confondre le mot *minéral* avec celui de *minerai*. Celui-ci désigne les différents métaux, tels qu'on les retire du sein de la terre ; ils y sont entourés le plus souvent d'une croûte pierreuse ou terreuse qu'on nomme la *gangue* du minerai.

On donne le nom de *mines* à des trous profonds en forme de puits, de souterrains, etc., creusés dans la terre pour en extraire les métaux, la houille, etc.

10. Les minéraux se trouvent tantôt en grandes masses, — tantôt en couches plus ou moins épaisses, — quelquefois en amas irréguliers, — souvent en filons ou en veines, se dirigeant en un sens déterminé à travers les terrains.

11. Le centre de notre globe est à l'état incandescent. — Si l'on pouvait percer un trou qui allât jusqu'au centre de la terre, on y trouverait les minéraux fondus par cette grande chaleur. — Au-dessus de ce foyer est une espèce de croûte refroidie, qui n'a guère que 40 à 50 kilomètres d'épaisseur : c'est le sol sur lequel nous marchons, ou l'*écorce minérale*.

12. On appelle *cristaux* des minéraux qui sont régulièrement configurés, et symétriques dans toutes leurs parties. — Il y a beaucoup de minéraux qu'on ne trouve qu'en cristaux : tel est le diamant.

Les *cailloux* sont des morceaux de roches détachés, charriés par les courants, et qui se sont arrondis par leur frottement et par l'action des eaux. — Quand ils sont plus petits et en grains, on les nomme *graviers*, *sables*.

13. On dit qu'une substance est *pétrifiée* quand elle s'est changée en pierre dans le sein de la terre, tout en conservant la forme qu'elle avait autrefois. On y trouve souvent du bois pétrifié.

Les *fossiles* sont différents corps, comme des coquilles, des ossements, des plantes, qui se sont conservés dans le sol, où ils sont enterrés depuis les grandes révolutions qui ont bouleversé à plusieurs reprises la surface de notre globe.

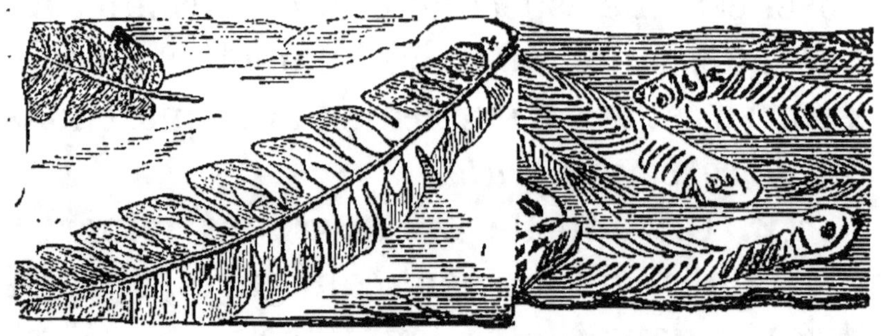

Fig. 2. — Plantes et poissons fossiles.

Questionnaire.

1. Quelles sont les parties principales du globe terrestre?

2. Parlez de l'air. — Qu'est-ce qui forme le ciel?

3. Qu'observe - t - on quand on s'élève dans l'air? — Pourrait-on vivre sans air?

4. Sous quel aspect se présente l'eau?—Quelle qualité a l'eau de la mer, — celle des cours d'eau? — Quelle est l'étendue des mers?

5. Quand l'eau est-elle liquide, — solide, — à l'état de vapeur?

6. Qu'est-ce qui forme les nuages, — la pluie, — les sources?

7. De quoi est composée la partie solide du globe?

8. Qu'appelle-t-on minéralogie, — géologie?

9. Qu'appelle-t-on roches, — minerai, — gangue du minerai, — mines?

10. Comment se trouvent les minéraux?

11. Dans quel état est le centre de notre globe? — Qu'est-ce que l'écorce minérale?

12. Qu'appelle - t - on cristaux? — D'où proviennent les cailloux, — les graviers, — le sable?

13. Quand dit-on qu'une substance est pétrifiée? — Qu'appelle-t-on fossiles?

CHAPITRE II.

Principales matières dont se compose l'écorce minérale du globe. — Les combustibles. — La houille, l'anthracite, le lignite. — La tourbe. — Le bitume. — Le soufre.

1. Les matières qui composent l'écorce minérale du globe sont nombreuses; mais

un petit nombre seulement s'y trouve en quantité considérable, savoir : 1° les *combustibles*; 2° les *métaux*; 3° les *roches*; 4° les *sels*; 5° les *terres*; 6° les *pierres précieuses*.

2. Les combustibles. — Les *combustibles* sont les minéraux qui ont la propriété de brûler : tels sont la *houille*, la *tourbe*, le *bitume*, le *soufre*.

3. La houille. — La *houille*, ou le *charbon de terre*, est ce charbon brillant que le maréchal ferrant brûle dans sa forge. — La houille contient, de plus que le charbon ordinaire, du bitume, espèce de poix que l'on trouve dans la terre; c'est ce qui la fait si bien brûler.

4. Il existe deux sortes de houille, la *houille grasse* et la *houille maigre*. — La houille grasse est celle qui contient le plus de bitume; elle est très collante, brûle en répandant une fumée épaisse et donne beaucoup de chaleur. — La houille maigre ou sèche contient moins de bitume; elle est moins collante et plus dure et brûle difficilement. — La première est meilleure pour les travaux de forge. On emploie la seconde dans les fours à chaux, dans les verreries, pour chauffer les machines à vapeur, etc.

5. Non seulement on brûle la houille crue ou naturelle, mais on peut encore se servir, pour se chauffer, du résidu de la houille avec laquelle on a fabriqué le gaz d'éclairage[1]; cette espèce de charbon se nomme le *coke*.

6. Il faut creuser la terre à de grandes profondeurs pour trouver la houille. — Les principales houillères de France sont celles d'Anzin (département du Nord), de Saint-Étienne (département de la Loire), d'Alais (département du Gard).

Si l'on ne se servait pas de la houille dans les usines et les chemins de fer, les forêts finiraient par être épuisées.

7. L'*anthracite* ou *charbon de pierre* est un combustible analogue à la houille, mais moins répandu ; il donne beaucoup de chaleur, mais exige un fort tirage. On le trouve en France, aux États-Unis, etc.

1. Voir notre *Petite Chimie*, chap. VI.

Le *lignite* est une substance minérale de la même famille.

8. La tourbe. — La *tourbe* est un combustible qui se forme par la décomposition de certaines plantes dans les marais. — Elle se trouve à fleur de terre. On la détache avec la bêche, puis on la coupe en morceaux, que l'on fait sécher pour la brûler.

C'est un combustible très économique, qui remplace le bois dans quelques pays. Ses cendres sont un bon amendement pour l'agriculture. — Les plus importantes tourbières sont dans les départements de la Somme, du Pas-de-Calais et des Vosges.

9. Le bitume. — Le *bitume* est une espèce de goudron minéral qu'on retire de la terre, où on le trouve tantôt coulant, tantôt durci, mais se fondant à la chaleur, de même que la poix-résine. Il y a aussi des bitumes liquides qui sont des espèces d'huiles minérales.

10. En mêlant le bitume fondu avec le sable ou la brique pilée, on forme une pâte épaisse, l'*asphalte*, dont on dalle les trottoirs, les vestibules, les rez-de-chaussée, etc., pour éviter l'humidité, ou que l'on étend sur les terrasses, pour que la pluie ne puisse pas les traverser. — On en tire des départements de l'Ain, de l'Isère, de l'Hérault, etc.

Les bitumes liquides sont très inflammables et employés pour l'éclairage : tels sont le *naphte* et le *pétrole*, qu'on rencontre à des profondeurs généralement peu considérables dans le sol de certaines contrées. C'est dans la Russie méridionale et dans l'Amérique du Nord principalement qu'on exploite ces produits si usités aujourd'hui.

11. Le soufre. — Le *soufre* est cette matière jaune inflammable dont on garnit le bout des allumettes. — On le trouve dans plusieurs pays, notamment aux environs des volcans. Quelquefois il est mêlé avec des métaux.

12. Le soufre entre dans la composition des allumettes, de la poudre à canon. — L'espèce de fumée ou de vapeur qu'il répand quand on le brûle sert à blanchir la soie et la paille, à détacher le linge taché par des fruits. — On le coule fondu dans le creux des pierres pour y sceller la ferrure, à laquelle il tient fortement ; mais il ronge le fer. — Deux à trois poignées de fleur de

soufre jetées dans le foyer éteignent les feux de cheminée ; mais il faut avoir l'attention d'en boucher auparavant le devant avec un drap mouillé.

Questionnaire.

1. Quelles sont les matières qui composent l'écorce minérale ?

2. Qu'est-ce que les combustibles ? — Nommez-les.

3. Parlez de la houille.

4. Combien y a-t-il de sortes de houille ?

5. Quels en sont les usages ?

6. Où se trouve-t-elle ?

7. Qu'est-ce que l'anthracite ? — le lignite ?

8. Qu'est-ce que la tourbe ? — A quoi sert-elle ?

9. Qu'est-ce que le bitume ? — Y a-t-il plusieurs espèces de bitume ?

10. Quels en sont les usages ?

11. Qu'est-ce que le soufre ?

12. A quels usages est-il employé ?

CHAPITRE III.

Les métaux. — Les métaux durs. — Le fer. — Le cuivre. — Le zinc. — L'argent. — Le platine. — L'or.

1. Les métaux. — Il n'est rien dans la nature qui ait contribué d'une manière plus efficace à assurer la domination de l'homme sur la terre, à étendre ses ressources, que les *métaux*. Ce sont les plus puissants instruments du travail. Qu'on les suppose disparus de la terre : avec eux disparaîtra la civilisation.

Parlons des métaux les plus utiles à l'industrie et à l'économie domestique. Ils ont été classés, d'après leurs propriétés les plus importantes, en métaux *durs*, métaux *mous*, métaux *cassants* et métaux *colorants*.

2. Les métaux durs. — Les métaux *durs* sont, dans l'ordre de dureté : le *fer*, le *cuivre*, le *zinc*, l'*argent*, le *platine*, l'*or*.

3. Le fer. — Le *fer*, le plus utile et le plus abondant de tous les métaux, est d'un gris bleuâtre, susceptible de s'étendre en feuilles sous le marteau, c'est la tôle ; c'est le plus tenace de tous les métaux : aussi, passé à la filière, il donne des fils très résistants. — Le fer ne se trouve pas dans les mines à l'état naturel, parce qu'il ne peut être en contact avec l'air sans se rouiller.

Les *minerais* dont on le tire ordinairement sont : les *fers noirs* ou aimants naturels[1] ; les *fers rouges* ou fers oligistes ; les *fers jaunes*, qu'on trouve souvent en grains ; les *fers carbonatés*, *sulfurés* ou *pyrites*, etc.

Ces différents minerais, après avoir été retirés du sein de la terre, sont pilés sous l'eau, lavés, puis fondus avec du charbon dans ce qu'on appelle les *hauts fourneaux*. Le charbon entraîne les matières étrangères, et le fer s'en dégage pur.

4. La fonte est le premier produit du minerai : c'est du fer qui a été fondu, et qui contient encore du charbon ; elle est cassante. — On l'emploie à la fabrication d'un grand nombre d'appareils et ustensiles employés dans l'industrie et dans les ménages, et pour les grandes constructions, les chemins de fer, les ponts, les grosses charpentes, etc.

Le *fer forgé* se fait avec de la fonte, qu'on purifie en la fondant, et qu'on fait battre

---

1. Il y a certains fers qui attirent les autres fers, et les retiennent pour ainsi dire collés, de telle sorte qu'il faut employer la force pour les en détacher : ces fers s'appellent *pierres d'aimant*. Voir, pour plus de détails, notre *Petite Physique*.

ensuite par de forts marteaux, qui la forgent en barres. — Il y a des fers *doux* et *liants* (fers du Berry) : on les préfère pour la clouterie, la tôle, etc. — Il y en a d'autres *durs* et *cassants* (fers anglais) : on les réserve pour la fabrication des instruments de culture.

5. **L'*acier*** se fabrique avec le fer. — Il n'en diffère que parce qu'il contient une petite quantité de charbon. Les meilleurs en contiennent sept millièmes seulement.

On distingue plusieurs espèces d'acier : 1° l'*acier de cémentation :* pour le fabriquer, on pose des barres de fer entre deux lits de charbon en poudre, dans des caisses en brique que l'on chauffe jusqu'au rouge pendant plusieurs jours ; — 2° l'*acier naturel* ou d'*Allemagne :* c'est le nom qu'on donne à certains fers d'Allemagne ou à la fonte grise que l'on a fait fondre ; — 3° l'*acier fondu :* on le prépare en faisant fondre l'acier naturel ou l'acier de cémentation ; c'est avec l'acier fondu qu'on fabrique les objets délicats et soignés de la coutellerie, etc.

On fait subir à l'acier une opération qu'on nomme la *trempe*, et qui consiste à le refroidir subitement, lorsqu'il sort de la forge, en le plongeant rapidement dans l'eau froide. — Quand l'acier a été *trempé*, il devient très dur et élastique, c'est-à-dire qu'il plie sans se rompre, et devient ainsi propre à de nombreux usages. — L'acier trempé est *détrempé* si on le laisse refroidir lentement après l'avoir fait rougir.

6. Le cuivre. — Le *cuivre*, également très utile dans les arts et dans l'industrie, est rouge, un peu plus lourd que le fer, et également susceptible de s'étendre en feuilles minces ou en fils résistants. — Quoiqu'on le trouve à l'état pur, il est souvent combiné avec d'autres substances.

Les principaux *minerais* de cuivre sont : 1° le cuivre dit *pyriteux*, de couleur de cuivre jaune, composé de soufre et de cuivre; 2° le cuivre *bleu* ou *vert*, qui, à la vue, ne ressemble en rien au cuivre pur.

7. Le *cuivre rouge* ou *rosette* sert à fabriquer des ustensiles de cuisine. — Le *cuivre jaune* ou *laiton*, avec lequel on fait les instruments d'horlogerie, de musique, de physique, les bijoux faux en chrysocale, etc., est un mélange de cuivre et de zinc. — Le *bronze*, avec lequel on fait le métal des cloches, des statues, etc., est du cuivre uni à de l'étain.

Quand on laisse refroidir des graisses ou des acides, comme le vinaigre, dans une casserole de cuivre, il s'y forme du *vert-de-gris*, qui est un poison. C'est pour éviter cet inconvénient que l'on étame le cuivre. — Le cuivre exposé à l'air se recouvre aussi d'une couche de *vert-de-gris*.

8. Le zinc. — Le *zinc* est gris bleuâtre; il est plus facile à fondre que le cuivre.

Le zinc se tire de deux *minerais* principaux : 1° la *calamine*, dont on se sert pour changer le cuivre rouge en laiton; 2° la *blende*, composée de soufre et de zinc.

On en fait des feuilles minces pour doubler les réservoirs, fabriquer des baignoires et toutes sortes d'ustensiles. On l'emploie aussi à couvrir les maisons. — Le *blanc de zinc* remplace utilement dans la peinture le blanc de céruse, qui est dangereux pour la santé des ouvriers.

9. L'argent. — *L'argent*, plus lourd que les métaux précédents, est, comme eux, malléable et ductile.

10. On l'allie au cuivre dans la monnaie d'argent, pour lui donner plus de dureté[1].

On le trouve fréquemment pur dans les mines ; mais il n'a pas alors le brillant de l'argent poli et travaillé. Plus souvent il est mélangé avec le soufre : on le débarrasse de cette substance en le grillant. — Les mines d'argent les plus considérables sont au Mexique. Il y en a si peu en France, que l'exploitation de ce métal y a été à peu près abandonnée.

11. Le *pláqué* consiste à recouvrir différents objets de cuivre d'une feuille d'argent extrêmement mince. Ce procédé a beaucoup perdu de son importance depuis la découverte de la *galvanoplastie* ou du procédé Ruolz, qui consiste à argenter à l'aide de l'électricité galvanique[2].

12. **Le platine.** — Le *platine* ressemble par sa couleur à de l'argent terni. — On le trouve en sable, en grains ou en fragments dans les terrains qui contiennent l'or, principalement en Amérique, en Sibérie.

1. Voir notre *Petite Chimie*, chap. XVIII.
2. Voir, pour plus de détails, notre *Petite Physique* et notre *Petite Chimie*.

13. C'est le plus lourd de tous les métaux.
— Comme il ne fond qu'au feu le plus fort, et qu'il n'est pas attaqué par les acides, on s'en sert avec avantage pour faire des creusets ou vases dans lesquels on peut fondre toutes sortes de substances.

14. **L'or.** — L'*or* se distingue de tous les autres métaux par sa couleur. Il se présente toujours pur dans la nature. On le trouve en filons dans des roches, en petits grains, en poudre, en paillettes, en fragments, dans des sables, d'où on le retire par le lavage, en Californie, en Australie, dans l'Asie, etc.

C'est, après le platine, le plus lourd des métaux et celui que l'on réduit le plus facilement en feuilles et en fils. — 5 centigrammes d'or peuvent s'étendre, sous le marteau du batteur, en une feuille de 150 décimètres carrés.

15. La *dorure* se fait tantôt au moyen de feuilles d'or très minces qu'on applique sur les objets, tantôt au moyen de la galvanoplastie, ou de l'application de l'or par immersion[1]. Elle se fait aussi à l'aide d'un

1. Voir notre *Petite Physique* et notre *Petite Chimie*.

mélange avec le mercure, qu'on étend sur la pièce qu'on veut dorer. On met ensuite cette pièce au feu pour faire évaporer le mercure : c'est ce qu'on appelle *dorure en or moulu* sur le cuivre, *vermeil* sur l'argent.

16. On mêle l'or à une certaine quantité de cuivre dans la monnaie usitée chez tous les peuples, et dans les bijoux, pour augmenter sa dureté, qui n'est pas très considérable, car il se laisse rayer facilement par une pointe d'acier. — La valeur de l'or est quinze fois et demie plus élevée que celle de l'argent.

Pour reconnaître s'il y a du cuivre mêlé à l'or, frottez sur la pierre de touche l'échantillon que vous voulez essayer, puis versez sur cette pierre un peu d'eau-forte. L'or ne sera pas attaqué, mais tout le cuivre partira ; et si l'objet qu'on vous donne pour de l'or n'est que du cuivre, il ne restera plus rien sur la pierre.

Questionnaire.

1. De quelle importance sont les métaux ? Comment les classe-t-on ?

2. Quels sont les métaux durs?

3. Quelles sont les propriétés du fer? — De quels minerais le tire-t-on? — Qu'en fait-on?

4. Qu'est-ce que la fonte? — A quoi s'emploie-t-elle ? — Comment se fait le fer forgé ? — Comment divise-t-on les fers?

5. Comment se fabrique l'acier?—Quelles en sont les diverses espèces? — Qu'est-ce que la trempe?

6. Quelles sont les propriétés du cuivre?— Quels sont les principaux minerais de cuivre?

7. Quels sont les usages de ce métal?

8. Quel est l'aspect du zinc?—Quels en sont les usages? — D'où se tire-t-il ?

9. A quel état trouve-t-on l'argent?

10. Quels en sont les usages? — Où sont les principales mines d'argent?

11. Qu'est-ce que le plaqué? — Par quel procédé le remplace-t-on?

12. Quel est l'aspect du platine?

13. Quels en sont les propriétés, les usages?

14. Où se trouve l'or? — Quelles en sont les propriétés?

15. Comment se fait la dorure?

16. A quel métal allie-t-on l'or dans la monnaie? — Comment reconnaît-on s'il y a du cuivre mêlé à l'or?

CHAPITRE IV.

Les métaux mous. — Le plomb. — L'étain. — Les métaux cassants. — Le bismuth. — L'arsenic. — L'antimoine. — Les métaux colorants. — Le cobalt. — Le manganèse. — Le chrome. — Le mercure. — Alliages.

1. Les métaux mous. — Les métaux *mous,* ou qui se plient facilement, sont : le *plomb* et l'*étain.*

Le plomb. — Le *plomb* est d'un gris bleu brillant, mais se ternissant rapidement à l'air, très facile à fondre, plus lourd que les précédents. On le tire principalement d'un minerai nommé *galène,* qui se trouve à peu près partout : c'est un composé de soufre et de plomb, dans lequel il y a presque toujours, en outre, de l'argent en quantité variable. — Pour en retirer le métal pur, on pile le minerai sous l'eau, on le lave, puis on le grille, puis enfin on le fait fondre.

2. Le plomb peut s'étendre en feuilles minces qu'on emploie à recouvrir différents objets. — On en fait des tuyaux pour la conduite des eaux ; on en double les réservoirs. — Il sert aussi à faire des balles de fusil, à sceller dans la pierre les pièces de fer que l'on veut y fixer.

Il serait dangereux de boire de l'eau qui aurait séjourné longtemps dans des conduits ou des réservoirs en plomb.

Le *blanc de plomb* ou *céruse*, le *minium*, la *litharge*, sont des composés de plomb, qui fournissent à la peinture plusieurs couleurs et qui entrent comme ingrédients dans la fabrication du cristal et de l'émail, auxquels ils donnent leur pesanteur.

3. L'étain. — L'*étain* est un métal d'un blanc brillant, qui se ternit à l'air. Il est moins mou et plus léger que le plomb. C'est le plus fusible des métaux. Il peut être réduit en lames minces. — Quand on le plie, on entend un bruit particulier appelé *cri de l'étain*. — Il y en a deux sortes dans le commerce : celui de Cornouailles, en Angleterre, et celui de l'Inde.

4. L'étain sert à bien des usages domestiques. On en fait divers ustensiles de ménage. — Le *fer-blanc* n'est autre chose que du fer en tôle que l'on trempe dans de l'étain fondu. L'étain s'attache au fer, et le recouvre d'une couche brillante, qui l'empêche de se rouiller.

L'*étamage* consiste à étendre une couche mince d'étain sur le cuivre, afin d'empêcher que celui-ci ne forme du *vert-de-gris*. — L'étain mélangé avec le mercure se colle au verre : c'est ce qu'on appelle le *tain des glaces*, qui sert à faire les miroirs. — L'alliage de plomb et d'étain (un tiers d'étain) forme la soudure du ferblantier.

5. Les métaux cassants. — Les métaux *cassants*, c'est-à-dire qui se brisent facilement sous un choc, sont le *bismuth*, l'*arsenic* et l'*antimoine*.

Le bismuth. — Le *bismuth* est blanc jaunâtre, brillant, se cassant très facilement et fondant à la simple flamme d'une bougie. — Il se trouve presque toujours associé à d'autres métaux dans la nature. — La Saxe fournit presque tout le bismuth que l'on emploie dans les arts et en médecine.

6. L'arsenic. — *L'arsenic* est un métal d'un gris d'acier, brillant, mais se ternissant à l'air, très cassant. — Il est presque toujours mêlé dans la terre à d'autres substances, notamment au soufre. — Ce dernier composé fournit une couleur jaune à la peinture : c'est ce qu'on appelle l'*orpiment*.

7. Un autre composé d'arsenic se vend sous le nom de *mort-aux-rats* : c'est une poudre blanche semblable à du sucre, mais qu'il est bien utile de ne pas confondre avec le sucre, car c'est un poison violent. D'abord cette poudre est très pesante ; ensuite, jetée sur des charbons ardents, elle se répand en vapeurs blanches qui ont l'odeur d'ail. — L'arsenic à l'*état métallique*, ou la *poudre à tuer les mouches* (improprement appelée *mine de plomb*), possède le même caractère.

8. L'antimoine. — *L'antimoine* est blanc bleuâtre, brillant, cassant. — Il est ordinairement mêlé, dans la nature, avec le soufre. — Il forme des composés fort usités en médecine : tel est, entre autres, l'émétique. — L'antimoine entre dans la composition des caractères d'imprimerie, où il est uni au plomb.

9. Les métaux colorants. — Les métaux *colorants*, utiles dans les arts et dans la peinture, sont le *cobalt*, le *manganèse* et le *chrome*.

Le cobalt. — Le *cobalt* n'a pas d'usage quand il est pur. — Il est ordinairement de couleur grise, et mêlé avec de l'arsenic.

Il teint en bleu les verres et les émaux avec lesquels on le fond, et, à leur tour, ces verres bleus, réduits en poudre, teignent les matières avec lesquelles on les mêle : tel est le *bleu d'azur*, le *smalt*, le *bleu de Thénard*.

10. Le manganèse. — Le *manganèse* se trouve dans plusieurs parties de la France. Il ne s'emploie pas non plus quand il est pur. — Ses minerais sont d'un noir bleuâtre et s'écrasent facilement en une poussière noire qui tache les doigts. — Ils servent à purifier le verre blanc, à teindre en violet le verre, l'émail, la faïence. — On l'emploie à la préparation du *chlore ;* enfin il sert dans la fabrication des aciers.

11. Le chrome. — Le *chrome* se tire d'un minerai gris bleuâtre contenant du fer. —

Diverses préparations de chrome sont employées dans la peinture en jaune, etc.

12. **Le mercure**. — Le *mercure* ou *vif-argent*, parce qu'il a la couleur de ce métal, forme une classe à part, et se distingue des autres métaux parce qu'il est coulant. — Il n'est solide qu'à un très grand froid (40 degrés au-dessous de zéro). — On l'exploite principalement en Espagne et en Illyrie. — Quoiqu'on le trouve pur, il est le plus communément mêlé au soufre : c'est ce qu'on appelle le *cinabre*.

13. A l'état de pureté, le mercure entre dans la construction des thermomètres, des baromètres, du tain des glaces. — Le cinabre réduit en poudre très fine s'appelle *vermillon :* c'est une belle couleur rouge, dont on fait un grand usage en peinture.

Il est dangereux de respirer l'air d'un local où se trouve beaucoup de mercure. Aussi les ouvriers qui manient ce métal, comme les doreurs, les étameurs de glaces, doivent-ils prendre bien des précautions pour se préserver de son influence[1].

1. Pour le détail de ces précautions, voir notre *Petite Hygiène.*

14. Alliages. — On augmente encore l'utilité des métaux en en faisant des *alliages*, c'est-à-dire en les mélangeant entre eux, tels que le bronze, le laiton, etc. — Les alliages connus sous les noms de *métal d'Alger*, *métal anglais*, *maillechort*, etc., sont des composés de divers métaux tels que le cuivre, le zinc, l'étain, le plomb, l'antimoine, le bismuth, etc.[1].

Questionnaire.

1. Quels sont les métaux mous? — D'où se tire le plomb?

2. Quels en sont les propriétés et les usages? — Quels sont les principaux composés du plomb?

3. Quelles sont les propriétés de l'étain? — D'où le tire-t-on?

4. En quoi consiste l'étamage? le fer-blanc, — le tain des glaces, — la soudure du ferblantier?

5. Quels sont les métaux cassants? — Qu'est-ce que le bismuth? — Où se trouve-t-il?

6. Qu'est-ce que l'arsenic? — Quels en sont les composés?

7. Qu'est-ce que la mort-aux-rats et la poudre à tuer les mouches? — A quels caractères reconnaît-on qu'une poudre est composée d'arsenic?

8. Qu'est-ce que l'antimoine? — A quoi est-il

1. Voir notre *Petite Chimie.*

ordinairement mêlé?— A quoi servent les composés de l'antimoine?

9. Quels sont les métaux colorants? — Où se trouve le cobalt? — A quoi est-il mêlé? —Quels en sont les usages?

10. Où se trouve le manganèse? — Quel en est l'aspect?—Quels en sont les usages?

11. D'où tire-t-on le chrome?—A quoi l'emploie-t-on?

12. Qu'est-ce qui distingue le mercure des autres métaux? — Où le trouve-t-on?

13. A quoi sert le mercure? — Quel danger présente-t-il?

14. Avec quoi compose-t-on les différents alliages connus sous les noms de métal anglais, métal d'Alger, etc.?

CHAPITRE V.

Les roches. — La pierre calcaire. — Le gypse. — Le quartz. — Le granit. — La lave. — Le basalte. — Le grès. — Le talc. — Le mica.

1. Les roches. — Il est des minéraux qui fournissent des matériaux à la bâtisse, des amendements à nos terres, et que l'Auteur du monde a sagement prodigués sur la terre : ce sont les substances pierreuses désignées par les minéralogistes sous le nom de *roches*. Nous allons en parler avec détails.

Les principales roches sont : la *pierre calcaire* et ses nombreuses variétés ; le *gypse*, le *quartz*, le *granit*, la *lave*, le *basalte*, le *grès*, le *talc*, le *mica*.

2. La pierre calcaire. — La *pierre calcaire* ou *pierre à chaux* est l'une des roches les plus communes. — Quoiqu'on la trouve sous des formes bien différentes, on reconnaît que c'est du calcaire si elle donne de la *chaux* quand on la calcine dans un four, et si les acides l'attaquent fortement en la faisant bouillonner.

C'est avec le calcaire commun que l'on bâtit nos maisons. Quand il est taillé régulièrement, il constitue la *pierre de taille ;* en blocs irréguliers, il forme les *moellons.*

3. Les autres espèces de calcaire sont :

Les *marbres*, qui ont un grain fin, des couleurs variées, et qui peuvent recevoir un beau poli. Il y a des marbres simples, tels que les marbres blancs ou noirs, le rouge antique, le marbre jaune de Sienne, et des marbres veinés : tels sont le marbre de Sainte-Anne, veiné de noir, gris et blanc ; le marbre du Languedoc, veiné de rouge et de blanc, etc. — On en décore les palais ; on en fait des colonnes, des statues ; on en revêt les cheminées, les meubles, etc.;

L'albâtre proprement dit, d'un blanc laiteux, légèrement jaunâtre, plus dur que le marbre, pouvant recevoir un beau poli, servant à faire des objets d'ornement ;

Le *calcaire à lithographier*, gris ou jaunâtre, pouvant se polir, et sur lequel on

Fig. 3. — Pierre lithographique.

exécute avec un crayon particulier des dessins qui sont reproduits sur le papier au moyen d'une presse ;

La *craie*, qui, broyée dans l'eau et réduite en pâte fine, constitue le *blanc d'Espagne*, employé dans la peinture.

4. Pour faire de la *chaux vive*, on chauffe fortement la pierre calcaire dans des fours.

Si l'on verse de l'eau sur la pierre ainsi calcinée, elle s'échauffe, se gonfle et se réduit
en une pâte, qui, mêlée avec le sable, forme
le *mortier* qui sert à la bâtisse ; on appelle
chaux *éteinte* la chaux vive qui a été traitée
par l'eau.

5. On distingue deux qualités de chaux.
—La *chaux grasse*, blanche, demande beaucoup d'eau et de sable pour la confection
du mortier, qui est moins solide que l'autre ;

— La *chaux maigre*, rarement blanche,
prend peu d'eau quand on l'éteint et demande peu de sable : elle est par conséquent
économique. La chaux *hydraulique* est une
chaux argileuse qui durcit dans l'eau. On
peut la préparer avec des mélanges faits
en proportions convenables d'argile et de
chaux : c'est celle dont on se sert pour
les fondations qui doivent rester sous l'eau.

6. La chaux s'emploie aussi pour bonifier les terres, pour chauler les grains. On
se sert de l'*eau de chaux*, qu'on appelle encore *lait de chaux*, pour badigeonner les
murs. On blanchit à l'*eau de chaux* le tronc
des arbres, pour détruire les insectes et les
mousses.

7. Le gypse. — Le *gypse* ou *pierre à plâtre* est l'une des pierres les plus usitées dans la bâtisse. — On reconnaît qu'une pierre est du gypse si on la voit blanchir au feu, et se réduire, en une poudre blanche, qui n'est autre chose que du *plâtre*. Quand elle a été ainsi calcinée, elle absorbe l'eau avec laquelle on la gâche, et forme une pâte qui se durcit très vite.

Le plâtre sert à recouvrir l'extérieur des maisons, et à élever les murs dans les localités où il est commun. — Il est employé aussi à bonifier les terres. La chaux phosphatée est également employée dans le même but.

Il y a une espèce de gypse d'un blanc de neige, et demi-transparent, qui, sous le nom de *faux albâtre*, sert à faire des pendules, des vases.

8. Le quartz. — Le *quartz* ou *silex* est, avec le calcaire, le minéral le plus répandu dans la nature : il sert de *gangue* ou d'enveloppe à la plupart des minerais. — On reconnaît à deux caractères principaux qu'une pierre est du quartz : 1º elle ne se laisse pas attaquer par les acides ; 2º elle raye le verre et l'acier, et donne des étincelles par le choc du briquet.

C'est le quartz qui constitue ce qu'on appelle vulgairement les *cailloux*. — Le *sable* est du quartz à petits grains. Il sert à faire du verre et du cristal. — La *pierre à fusil*, qu'on trouve en morceaux arrondis dans la craie, la *pierre meulière*, qu'on exploite pour en faire des meules, appartiennent à cette espèce de quartz, qu'on appelle plus particulièrement *silex*. Le *cristal de roche* est le quartz incolore, limpide, pur de tout mélange.

9. **Le granit.** — Parmi les roches dures que l'on utilise dans la bâtisse, une des principales est le *granit*, pierre grise ou rougeâtre, qui forme des chaînes entières de montagnes. C'est un mélange de grains de quartz, de petites lames de mica et d'une roche blanchâtre qu'on nomme le *feldspath*. — Cette roche très dure reçoit difficilement le poli. — On s'en sert encore pour bordures de pavés, trottoirs, etc.

10. **La lave, le basalte.** — La *lave* est une roche noirâtre qui, après avoir été fondue par le feu des volcans qui l'ont vomie,

3.

se durcit, et donne une bonne pierre de construction. Elle sert aussi pour le pavage. — Le *basalte*, autre roche dure et noire, est employé aux mêmes usages.

11. Le grès. — Les différentes sortes de *grès* (pierre de sable) sont formées de petits grains de quartz agglutinés par une espèce de ciment naturel, ou de pâte terreuse ou pierreuse. — Il en est de rouges, de blanchâtres, de verdâtres, d'unis, de veinés ou bigarrés ; il en est à petits grains, à gros grains. — On s'en sert pour diverses constructions, pour le pavage, pour des meules à aiguiser les outils ou à moudre les grains.

12. Le *tripoli* est une sorte de grès noirâtre, qui, réduit en poudre, sert à polir les métaux. L'*émeri* a les mêmes usages, mais il est beaucoup plus dur et doit être broyé entre deux meules d'acier. — La *pierre ponce* est une roche analogue, grisâtre, poreuse, employée au polissage des métaux.

13. Le talc, le mica. — Le *talc* ou la *craie de Briançon*, le plus tendre des minéraux, d'un aspect gras, d'un toucher onctueux, s'emploie en poudre pour diminuer le frottement des machines. — Le *mica*, connu, à cause de son éclat, sous le nom de *sable d'or* ou *d'argent*, et dont on poudre l'écriture, n'a rien de commun avec les métaux de ce nom. C'est un minéral très abondant dans la nature, et qu'on peut quelquefois séparer en feuille très minces, aussi transparentes que le verre.

Questionnaire.

1. Parlez des roches.

2. Qu'est-ce que la pierre calcaire? — A quoi la reconnaît-on?

3. Citez les autres espèces de calcaire, — les marbres, — l'albâtre, — la craie, — le calcaire à lithographier?

4. Comment fait-on de la chaux vive, — du mortier?

5. Combien y a-t-il de qualités de chaux? — A quoi reconnaît-on qu'une chaux est grasse ou maigre?

6. A quoi s'emploie la chaux?

7. A quoi reconnaît-on qu'une pierre est du gypse? — A quoi sert le gypse? — Qu'est-ce que le faux albâtre?

8. Qu'est-ce que le quartz, — le silex? — A quels caractères le reconnaît-on?

9. Qu'est-ce que le granit? — Son usage.

10. La lave? — Le basalte? — A quoi les emploie-t-on?

11. Quelles sont les différentes sortes de grès?

12. Qu'est-ce que le tripoli, — l'émeri, — la pierre ponce?

13. Qu'est-ce que le talc, — le mica?

CHAPITRE VI.

Les sels. — Le sel gemme. — L'alun. — Le nitre. — Le sel ammoniac. — Le borax[1].

1. Les sels. — Les *sels* sont des minéraux composés, ordinairement cristallisés, solubles dans l'eau, et de couleur blanche ; tels sont le *sel gemme*, l'*alun*, le *nitre*, le *sel ammoniac*, le *borax*.

2. Le sel gemme. — Le *sel gemme* ou *sel marin* se tire tantôt de mines dans le sein de la terre, tantôt des eaux de la mer, où il est en dissolution, tantôt de certaines sources salées.

3. Les blocs de sel gemme, détachés des mines avec des pics, sont transportés hors de la mine à l'aide de différents moyens mécaniques, puis soumis à l'affinage. C'est une opération qui consiste à faire fondre le sel dans de l'eau, puis à faire réduire cette eau jusqu'à ce que le sel se dépose au fond des chaudières.

1. Voir, pour tout ce chapitre, notre *Petite Chimie*.

4. Dans les pays où l'on retire le sel des *eaux de la mer* par évaporation, ces eaux sont conduites dans des fosses ou citernes peu profondes, que la chaleur du soleil met à sec. Le sel qui s'est déposé au fond est ensuite soumis à l'affinage.

Dans les endroits où l'on retire le sel des *sources salées*, on fait couler l'eau à plusieurs reprises à travers des fagots. Elle est recueillie dans des chaudières, que l'on chauffe pour achever l'évaporation de l'eau.

On connaît les usages du sel pour l'alimentation de l'homme, qui ne peut pas s'en passer. Il est utile aussi aux bestiaux et sert à bonifier les terres.

5. **L'alun.** — *L'alun* est un sel blanc, demi-transparent, assez dur. Il a un goût assez semblable à celui de l'encre. — Il sert aux teinturiers comme mordant, c'est-à-dire pour fixer les couleurs sur les étoffes ; aux mégissiers, pour préparer les peaux blanches, etc.

La roche d'alun ou *l'alunite* se trouve en vastes dépôts en Italie, et même en France, aux environs des volcans ou dans les mines de houille. — La chimie apprend à fabriquer de l'alun artificiel.

6. Le nitre. — Le *nitre* ou *salpêtre* est un sel blanc, demi-transparent, facile à écraser. — Mis dans la bouche, il fait sentir une espèce de fraîcheur suivie d'un goût amer.

Le salpêtre est la matière principale de la poudre à canon. — C'est avec le salpêtre que l'on fabrique l'*eau-forte* ou acide nitrique, employée dans beaucoup d'industries.

Il se forme tous les jours du salpêtre sur les murs des écuries, où on l'enlève à certaines époques. — On établit aussi des *nitrières* ou fabriques de salpêtre artificiel, au moyen d'amas de matières animales et végétales, qu'on fait pourrir sous des hangars, en les mélangeant avec des couches de calcaire.

7. Le sel ammoniac. — Le *sel ammoniac* est blanc grisâtre, demi-transparent, et pique la langue. — Il se trouve près des volcans, dans les houillères, etc. — On le fabrique aujourd'hui en calcinant des matières animales de non-valeur (os, cornes, crins, etc.).

Ce sel sert, dans l'art de la teinture, à aviver les couleurs. — Il est appliqué à ce qu'on appelle le *décapage des métaux* : c'est une opération qui consiste à enlever, avant l'étamage, les impuretés ou les matières étrangères qui les recouvrent.

8. Le borax. — Le *borax* est un sel blanc, douceâtre, qui se forme au fond des eaux de certains lacs, ou qu'on fabrique artificiellement.

On l'emploie comme *fondant* ou pour aider la fusion de certains minéraux. — Il sert aussi dans la soudure des métaux, dans la peinture sur porcelaine, dans la fabrication des glaces et cristaux fins.

Questionnaire.

1. Qu'est-ce que les sels ?

2. Comment se trouve le sel gemme ?

3. Comment exploite-t-on le sel gemme ?

4. Comment retire-t-on le sel des eaux de la mer, — de l'eau des sources ? — Quels sont les usages du sel ?

5. Qu'est-ce que l'alun ? — Où se trouve-t-il ? — A quoi sert-il ?

6. Qu'est-ce que le nitre ? — Quels en sont les usages ?

7. Qu'est-ce que le sel ammoniac ?

8. Qu'est-ce que le borax ? — Quels en sont les usages ?

CHAPITRE VII.

Les terres. — L'argile. — Les schistes ou ardoises. — La terre végétale. — Les pierres précieuses.

1. Les terres. — Les minéraux ne sont pas toujours purs et sans mélange dans le sol ; bien souvent ils sont réunis et forment toutes sortes de composés ; telles sont les terres, dont les plus importantes sont l'*argile*, les *schistes* ou *ardoises*, la *terre végétale*.

2. L'argile. — Parmi les terres ou minéraux friables, l'une des plus utiles et des plus répandues est l'*argile*, substance tendre, douce au toucher, et qui, mêlée avec l'eau, fait une pâte qui durcit beaucoup par la cuisson, et résiste au feu.

3. On connaît plusieurs espèces d'argile : la *terre glaise*, la *terre à poteries*, ordinairement d'un gris verdâtre. — Pour les poteries qu'on appelle *terre de pipe*, on choisit une argile blanche. — Une argile très-fine qu'on nomme *kaolin* sert à faire les porcelaines. — Les briques, les carreaux, les tuiles, les tuyaux de cheminée, se font avec l'argile la plus commune, qui devient rouge en cuisant.

La *terre à foulon* est une argile qui se délaye facilement dans l'eau. On s'en sert pour enlever au drap les matières huileuses qui sont mêlées à la laine. — *L'argile ferrugineuse*, qui est colorée en jaune ou en rouge par le fer, n'est autre chose que l'*ocre jaune* ou *rouge* employé en peinture, et pour faire les crayons de sanguine.

On a tiré de l'argile, à l'aide de procédés chimiques, un métal blanc, extrêmement léger, et facile à travailler : c'est l'*aluminium*, utilisé dans les arts et notamment dans l'orfèvrerie.

4. Les *marnes* sont des argiles mélangées de calcaire ou de sable, en plus ou moins grande quantité ; elles sont tendres, peu résistantes, et leur consistance varie suivant leur composition. Il y a des marnes grises, verdâtres, noires, irisées.

5. **Les schistes ou ardoises.** — Parmi les roches feuilletées qu'on désigne du nom

général de *schistes*, la plus importante est l'*ardoise*.

Les *ardoises* peuvent se séparer en plaques ou en feuillets minces et solides. Leur couleur variable est le plus communément le gris bleuâtre. — C'est des environs d'Angers et de Charleville qu'on en tire le plus en France. — On en fait des toitures, des dalles, des marches d'escalier.

Les *pierres de touche*, autre espèce de schiste, avec lesquelles on essaye l'or, ont quelque ressemblance avec l'ardoise. — La *pierre noire* ou *crayon noir* des charpentiers, est un schiste qui avoisine ordinairement les mines de charbon de terre. La *terre pourrie* qui sert à nettoyer les métaux est un schiste pulvérulent, jaunâtre ou brun.

6. La *plombagine* ou *graphite*, vulgairement *mine de plomb*, avec laquelle on fait les crayons, ne contient pas une parcelle de ce métal : c'est un charbon doux au toucher, d'un aspect grisâtre, métallique, d'un grain très fin. On la trouve toute formée dans la nature ; il ne s'agit plus que de la scier en

petites baguettes, qu'on enchâsse dans des cylindres de bois.

7. La térre végétale. — Les différentes espèces de roches qui constituent la charpente du globe sont recouvertes, dans tous les endroits cultivés, d'une couche plus ou moins épaisse de terre noirâtre : c'est la *terre végétale* ou le *terreau*. C'est cette terre qui sert principalement à la nourriture des plantes; elle est composée des débris des trois règnes.

8. Les pierres précieuses. — On appelle ainsi des minéraux qui, outre leur rareté, sont remarquables par leurs belles nuances, leur transparence plus ou moins complète, et leur dureté, qui les rend susceptibles d'un beau poli. On en fait des bijoux et divers objets d'ornement. Nous parlerons des plus importantes.

9. Le *diamant*, une des pierres les plus recherchées à cause de son éclat, se distingue de toutes les autres, et particulièrement des imitations avec lesquelles il est facile de le confondre, par sa dureté, qui est si grande qu'il raye tous les corps, et qu'il ne peut être entamé par aucun. — On le trouve à peu de

profondeur au milieu des sables qui contiennent l'or en paillettes, ou qui forment le lit de certaines rivières, dans l'Amérique du Sud, dans l'Inde, dans l'Afrique méridionale. — On en fait les plus riches parures.

10. D'autres pierres précieuses également très estimées sont : l'*émeraude*, d'un beau vert ; — la *topaze*, jaune ; — le *rubis*, rouge ; — le *saphir*, bleu ; — l'*améthyste*, violette ; — le *grenat*, d'un rouge brun foncé ; — la *turquoise*, pierre d'un beau bleu de ciel.

On fait encore des bijoux avec l'*ambre*, espèce de bitume jaune, demi-transparent ; avec le *jais* ou *jayet*, minéral noir brillant de la même origine que la houille. Les *agates*, les *cornalines*, le *jaspe*, l'*onyx*, l'*opale*, sont des pierres susceptibles d'un beau poli, et qui offrent des nuances dans le mélange ou la disposition des couleurs ; elles sont des variétés de quartz coloré par différentes substances ; — le *lapis-lazuli* est une pierre d'un beau bleu, très dure, qui fournit à la peinture le bleu d'outre-mer [1]. Avec ces

—————

1. Nous parlerons plus loin des *perles* et du *corail*, qui sont des produits du règne animal.

pierres, comme avec les précédentes, on fait des objets d'ornement.

Questionnaire.

1. Qu'est-ce que les minéraux composés? — Quels sont les plus importants?

2. Quelle est la nature de l'argile?

3. Citez les différentes argiles. — Qu'est-ce que l'aluminium?

4. Qu'est-ce que les marnes?

5. Parlez de l'ardoise. — A quels usages est-elle employée? — A quoi servent les pierres de touche? — la pierre noire? — la terre pourrie?

6. Qu'est-ce que la plombagine?

7. Qu'appelle-t-on terre végétale?

8. Qu'est-ce que les pierres précieuses?

9. Parlez du diamant.

10. Parlez de l'émeraude, — de la topaze, — de la turquoise, — des agates, etc.

CHAPITRE VIII.

Recherche et exploitation des minéraux. — Origine et formation du globe. — Tremblements de terre. — Éruptions volcaniques.

1. Recherche des minéraux. — Il nous semble utile, pour terminer la minéralogie, de parler des procédés employés pour la recherche et l'exploitation des minéraux.

Quand on soupçonne quelque part la présence d'un minéral qu'il serait avantageux d'exploiter, on sonde, pour s'en assurer, le terrain avec la *sonde du mineur*. C'est une tarière adaptée à l'extrémité de longues tiges de fer fixées bout à bout, et que l'on enfonce à l'aide de machines. — Quand la tarière a fait son trou, on emploie à sa place une curette, avec laquelle on retire une certaine quantité de la substance des terrains que la sonde a traversés. — D'autres fois on creuse des puits d'un mètre de largeur. Dans les deux cas on est renseigné sur les travaux qui restent à faire.

2. Exploitation des mines. — L'exploitation se fait sous terre ou à ciel ouvert, selon la profondeur à laquelle est situé le minéral. — Dans le premier cas, on commence par creuser un puits, auquel on donne de deux à quatre mètres de largeur, et une forme ronde ou carrée. Puis, tantôt on perce des *galeries* dans la direction des filons à exploiter ; tantôt on travaille par *chambres* de dix à vingt mètres de large. — Il est nécessaire, pour éviter des éboulements, de soutenir ces travaux par des piliers, par des charpentes.

3. Les galeries communiquent ordinairement à plusieurs puits, dont les uns sont destinés à renouveler l'air de la mine, qui deviendrait promptement mortel sans cette précaution ; les autres, à faire monter le minerai dans des tonnes au moyen de forts câbles, ou à vider l'eau qui s'amasse en grande quantité dans certaines mines, notamment dans les houillères. Pour éviter cet inconvénient et prévenir les inondations, on y creuse des réservoirs et l'on fait sortir l'eau de la mine au moyen de pompes, que l'on met en action par des machines à vapeur.

4. Les ouvriers descendent dans la mine à l'aide d'échelles ou

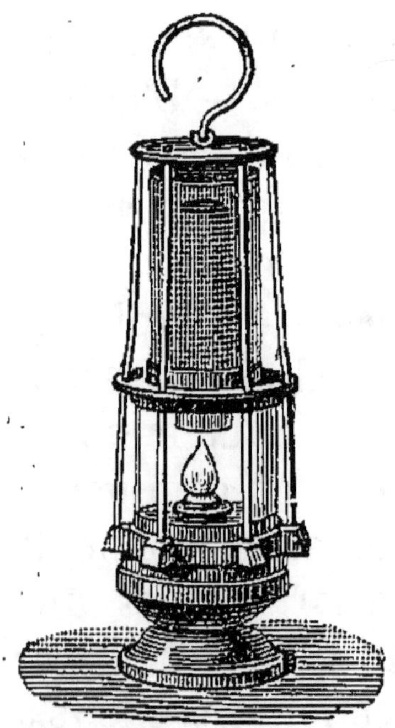

Fig. 4.—Lampe de mineur.

des tonnes qui servent à charrier le minerai.

L'éclairage se fait dans les houillères par une lampe enfermée dans une toile métallique : cette toile empêche la flamme de se communiquer aux gaz répandus dans les mines et s'oppose ainsi à ce qu'ils s'enflamment ; ce qui occasionnerait de grands malheurs.

Pour détacher les minerais, on se sert de pics, de coins ; on emploie l'eau, le feu, la poudre et surtout la dynamite[1], avec laquelle on peut détacher des masses considérables.

5. Origine et formation du globe. — Notre globe, qui renferme dans son sein toutes ces richesses minérales, était à l'origine une masse minérale en fusion. — Cette masse s'étant refroidie peu à peu, les eaux, qui étaient à l'état de vapeurs dans l'air, se liquéfièrent et formèrent d'immenses mers, qui recouvrirent toute la surface du globe, et, suivant les paroles de l'Écriture sainte, *la terre fut séparée des eaux.*

1. Voir notre *Petite Chimie*, chap. XXIV.

6. Au sein de ces mers se déposèrent successivement par couches les calcaires, les grès, les argiles, les sables ; plus tard les granits, les basaltes et autres roches volcaniques, violemment soulevés par l'action du feu central, soulevèrent ou brisèrent la croûte terrestre encore mince, et formèrent les chaînes de montagnes.

7. Les zoophytes ou animaux-plantes, les mollusques ou animaux à coquilles et les poissons, en un mot, *tous les habitants des eaux* furent, avec quelques végétaux très simples, mais fort abondants et parfois très puissants, les premiers êtres animés qui apparurent dans le sein des mers.

8. Puis, lorsque les îles et les continents se découvrirent, les reptiles et les insectes, les oiseaux et les quadrupèdes se montrèrent successivement ; l'homme n'avait pas encore paru.

Les débris ou fossiles, ensevelis dans les couches du globe à chacune de ses révolutions, prouvent que les animaux dont ils proviennent appartenaient, dans les premiers temps de la création, à des espèces qui n'existent plus aujourd'hui.

9. Quoique ces grands bouleversements ne se soient pas reproduits depuis l'apparition de l'homme sur la terre, on y observe encore de nos jours des phénomènes qui sont le résultat de la pression des masses minérales en fusion au centre du globe sur la croûte terrestre. Tels sont les tremblements de terre et les éruptions volcaniques.

10. **Les tremblements de terre.** — Les *tremblements de terre* sont des soulèvements ou des secousses du sol, parfois assez violentes pour renverser des villes entières. — Tel fut le tremblement de terre qui détruisit la ville de Lisbonne en 1755, celui d'Ischia en 1883.

11. **Les éruptions volcaniques.** — On donne le nom d'*éruptions volcaniques* à des jets de substances minérales embrasées s'échappant d'un *cratère* avec une force prodigieuse. — On appelle *cratère* l'ouverture que ces matières se sont frayée au sommet d'une montagne ou *volcan*, sur les flancs de laquelle elles se répandent à l'état de lave incandescente, portant au loin la dévastation et engloutissant des villes entières. Les villes d'Herculanum et de Pompéi, situées près

du Vésuve, en Italie, furent ensevelies, én l'an 79 de notre ère, sous la lave et les

Fig. 5. — Le Vésuve en éruption.

cendres lancées par ce volcan. En 1883 eut lieu une terrible éruption du volcan de Krakatoa, près de l'île de Java. Les détonations ont été entendues à plus de 3000 kilomètres, et l'éruption a englouti cinquante mille personnes.

Questionnaire.

1. Comment s'y prend-on pour sonder un terrain ?

2. Comment se fait l'exploitation des minéraux ?

3. A quoi sont destinées les galeries ? — Comment y évite-t-on les inondations ?

4. Comment les ouvriers descendent-ils dans les mines ? — Comment s'y éclairent-ils ? — Quelle précaution prend-on contre le feu ? — Comment détache-t-on le minerai ?

5. A quel état se trouvait notre globe à son origine ? — Comment se formèrent les mers ?

6. Comment s'est formée la partie solide du globe ?

7. Quels furent les premiers êtres animés qui apparurent ?

8. Quels autres animaux parurent ensuite ? — Qu'est-ce que prouvent leurs débris ?

9. Quels phénomènes observe-t-on encore de nos jours par suite de la chaleur centrale du globe ?

10. Qu'est-ce que les tremblements de terre ?

11. Qu'est-ce que les éruptions volcaniques ?

DEUXIÈME PARTIE.

LE RÈGNE VÉGÉTAL.

CHAPITRE IX.

Richesse et variété du règne végétal. — Les différentes parties d'une plante. — La racine. — La tige. — Les feuilles. — Leurs usages.

1. Quelle variété, quelle richesse dans le règne végétal ! Sous combien de rapports nous sont utiles ces plantes, qui sembleraient n'avoir été créées que pour l'ornement de la terre ! Avec quel soin le Créateur veille à la conservation de ces innombrables espèces, dont la plus chétive a son importance relative soit à l'homme soit aux animaux, soit enfin à l'harmonie générale du globe !

2. **Différentes parties de la plante.** — En examinant les différentes parties dont se compose la plante, nous ne serons pas

moins émerveillés des justes rapports qui les unissent entre elles : ce sont la *racine*, la *tige*, les *feuilles*, les *fleurs*, les *fruits*.

3. **La racine**. — La *racine* est cette partie de la plante qui s'enfonce dans la terre. — On y voit ordinairement beaucoup de petits filaments : c'est ce qu'on appelle le *chevelu;* c'est par là que la plante pompe, dans le sein de la terre, les sucs nécessaires à sa nourriture.

Il est souvent difficile de faire croître des plantes transplantées : c'est que, en les déracinant, on a rompu la plupart de ces filaments.

4. La racine puise dans le sol des matières salines ou terreuses, et l'eau, sans laquelle elle ne pourrait pousser. Elle fixe la plante au sol. — Les racines ont un tel penchant à se porter vers les meilleurs terrains, qu'on les voit, pour y arriver, s'introduire dans les fentes des rochers, percer des murs, etc. Aussi on risque d'ébranler les fondements des maisons en plantant trop près d'elles des arbres à longues racines.

5. Les racines ont divers genres d'utilité pour l'homme : il en est qui servent d'ali-

ments, comme la carotte, la betterave ; plusieurs sont employées en médecine, telles que la rhubarbe, l'ipécacuanha ; d'autres servent à la teinture, telles que la garance, le curcuma.

6. **La tige**. — La *tige* est cette partie de la plante qui s'élève dans l'air, et qui porte les feuilles, les fleurs et les fruits. — La *tige* est *ligneuse*, c'est-à-dire formée de bois comme le tronc des arbres ; ou *herbacée*, c'est-à-dire de la consistance des herbes. — Le *chaume* est une tige creuse et divisée par des nœuds de distance en distance ; tels sont le blé, le seigle, l'orge.

7. Si l'on scie en travers une tige ligneuse ou un tronc d'arbre, on y reconnaît plusieurs parties : 1° en dehors, l'*écorce* ; 2° en dedans, le *bois*, qui est formé de plusieurs couches : les plus rapprochées de l'écorce portent le nom d'*aubier* ou bois *imparfait* (*fig*. 6, *a*), parce que, étant les moins anciennes, elles n'ont pas encore acquis la dureté et

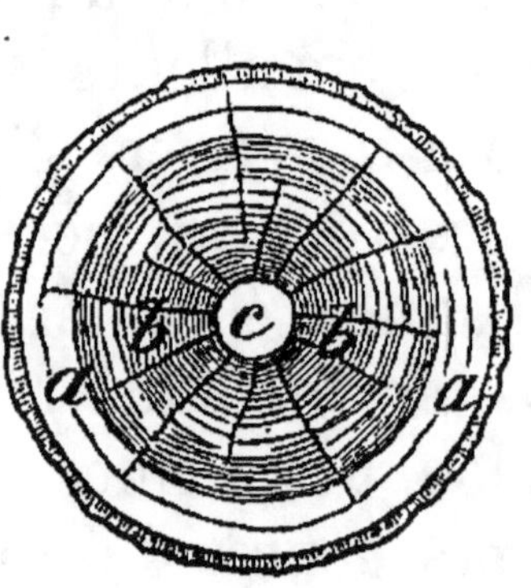

Fig. 6.

la couleur du *bois proprement dit* (*b*) ;
3º au milieu des couches de bois, la *moelle*
(*c*), qui finit souvent par disparaître.

8. Outre les tiges *droites*, qui sont les
plus nombreuses, on voit des tiges *grimpantes*, comme dans le lierre ; *rampantes*
ou *sarmenteuses*, comme dans la vigne ;
souterraines, comme dans le chiendent. —
Quelques tiges souterraines, comme celle
de la pomme de terre, portent des matières féculentes ou tubercules.

9. Les sucs puisés dans le sol par la racine montent dans la tige, où ils se changent
en *sève*. — La sève est comme le sang de
la plante : elle se distribue dans toutes les
parties du végétal pour servir à son entretien. — C'est au printemps et à la fin de
l'été que les plantes contiennent le plus de
sève.

10. L'accroissement des tiges ligneuses
se fait à la fois en *hauteur* et en *épaisseur*.
— Le premier résulte de la nouvelle pousse
qui s'élève chaque année du sommet de la
plante, ou de branches développées sur le
jet de l'année précédente. — Le second provient de ce que, chaque année, il se forme

une nouvelle couche dans l'intervalle qui sépare l'écorce du bois.

11. Outre les usages particuliers auxquels on fait servir les troncs des arbres, dans les constructions, l'ameublement, le chauffage, etc., les arbres sont encore très utiles parce qu'ils attirent les nuages, qui retombent en pluies, et que ces pluies entretiennent les sources. Aussi les défrichements dessèchent un pays, et le frappent de stérilité.

12. **Les feuilles.** — Les *feuilles*, ces appendices de couleur verte qui s'insèrent à la tige par le *pétiole* (vulgairement la *queue* de la feuille), sont formées d'une substance très tendre, dans laquelle se distribuent des *nervures* ou fibres résistantes. — Leurs formes sont extrêmement variées.

Les feuilles se renouvellent tous les ans, et puisent dans l'air les gaz et les vapeurs d'eau nécessaires à la vie de la plante. — Plusieurs espèces s'emploient comme boissons et remèdes ; telles sont les feuilles de l'oranger, du thé, etc.

13. Pour que les plantes prospèrent, il leur faut de la lumière. Plongées dans l'ob-

scurité, elles s'*étiolent*, c'est-à-dire qu'elles blanchissent et ne contiennent plus que des sucs aqueux. — Aussi, lorsque les jardiniers veulent *blanchir* la salade, c'est-à-dire lui faire perdre son amertume et l'attendrir, ils la cultivent dans les caves.

Questionnaire.

1. Quelles réflexions inspire la vue du règne végétal?

2. Quelles sont les différentes parties d'une plante?

3. Qu'est-ce que la racine? — le chevelu? — quel en est l'usage?

4. Quels sont les usages de la racine dans la plante?

5. De quelle utilité les racines sont-elles à l'homme?

6. Qu'est-ce que la tige? — Qu'appelle-t-on tige ligneuse? — tige herbacée? — chaume?

7. De quelles parties se compose le tronc d'un arbre?

8. Quelle est la direction des tiges?

9. Qu'est-ce que la sève? — A quoi sert-elle?

10. Comment se fait l'accroissement des tiges ligneuses?

11. Quelle est l'utilité des arbres?

12. Quelle est la structure, quel est l'usage principal des feuilles?

13. Quand dit-on que les plantes s'étiolent?

CHAPITRE X.

La fleur. — Parties qui la composent. — Le calice. — La corolle. — Le pistil. — Les étamines. — Multiplication des plantes. — Usages des fleurs.

1. La fleur. — La *fleur* est la partie de la plante qui contient les organes nécessaires à sa propagation. — Il y a quatre parties à distinguer dans une fleur complète : le *calice*, la *corolle*, les *étamines*, le *pistil*.

2. Dans un très grand nombre de fleurs, vous voyez en dehors une enveloppe verte (*fig.* 7, 1, *c*), formée d'une seule pièce ou

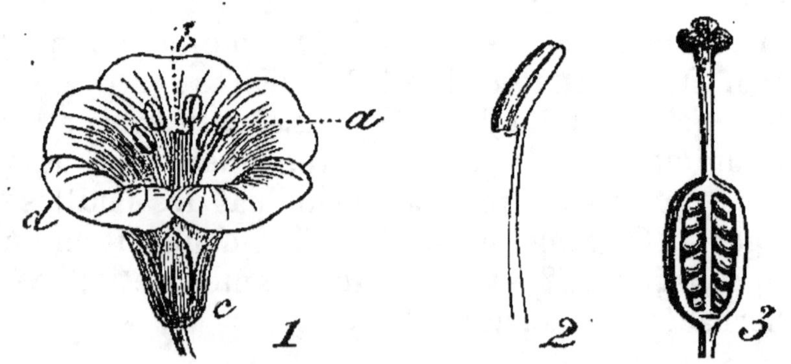

Fig. 7. — 1. Fleur complète. — 2. Étamine. — 3. Coupe d'un pistil.

de plusieurs petites feuilles : c'est ce qu'on nomme le *calice*.

3. En dehors du calice, vous trouvez ce que tout le monde appelle la *fleur* (1), parce que c'est la partie la plus brillante ; son nom véritable, c'est la *corolle* (1, *d*). — La corolle, comme le calice, est formée d'une seule pièce ou de plusieurs, qu'on désigne sous le nom de *pétales* (1, *d*). Ainsi, dans la tulipe, il y a six pétales ; dans le lilas, la corolle est d'une seule pièce.

La corolle a des formes très variées. Elle n'est pas verte comme le calice ; elle présente, au contraire, toutes sortes de couleurs : elle est rose dans la rose, blanche dans le lis blanc, violette dans la pensée, etc.

4. Au milieu de la corolle vous voyez le *pistil* (1 *b*, et 3). C'est un petit corps cylindrique qui se termine supérieurement par un corps arrondi, le *stigmate*, et inférieurement par une partie renflée, arrondie, qu'on nomme l'*ovaire* ; c'est l'ovaire qui renferme les germes des *graines*. — Quand la fleur sera flétrie, l'ovaire seul restera ; il grossira et finira par former le *fruit*.

5. Autour du pistil vous remarquez les

étamines (**1**, *a*, et **2**) : ce sont de petits filets portant à leur extrémité un petit corps allongé, l'*anthère*, contenant une poussière jaune, le *pollen*.

Il peut y avoir plus d'un pistil dans une fleur. Le plus souvent il y a plusieurs étamines, quelquefois un grand nombre. — Il y a des fleurs qui ne portent que des étamines, d'autres qui ne portent que des pistils.

6. Pour que la plante puisse produire un fruit et par là se multiplier, il faut que le pollen tombe sur le stigmate. — Le fait est bien facile à vérifier. Si l'on enlève les étamines à une plante, elle ne pourra ni fructifier ni se reproduire. — Si, sur cette plante, on secoue la poussière d'étamines prises sur une autre de même espèce, on pourra multiplier artificiellement la plante. — Si l'on enlève le pistil, on empêche de même le végétal de se multiplier. — L'air, en soulevant la poussière des étamines, la fait tomber sur le pistil ; les insectes y contribuent aussi.

7. Outre l'agrément qu'elles procurent, les fleurs sont souvent utiles en médecine, dans la parfumerie, pour la teinture, etc.

Questionnaire.

1. Quelles sont les parties composantes de la fleur?

2. Qu'est-ce que le calice?

3. — la corolle? — les pétales?

4. — le pistil? — le stigmate? — l'ovaire?

5. — les étamines? — l'anthère? — Combien y a-t-il de pistils? — d'étamines?

6. Que faut-il pour que la plante se multiplie? — Quel rôle joue l'air dans ce phénomène?

7. De quelle utilité sont les fleurs?

CHAPITRE XI.

Le fruit. — La graine. — Germination des graines. — Leurs usages. — Les bourgeons. — La greffe. — Durée des végétaux.

1. Le fruit, la graine. — La partie de la plante qui renferme les graines se nomme toujours le *fruit*, quelle que soit sa forme. Ainsi, le pois est un fruit aussi bien qu'une pomme, un raisin, un melon, une noix. — C'est la partie des plantes d'où l'homme tire les aliments et les boissons les plus agréables. Il suffit de citer pour exemples les arbres fruitiers et la vigne.

2. Le fruit se compose toujours de deux parties : 1° une *enveloppe*, quelquefois si mince qu'elle paraît manquer tout à fait, comme dans le grain de blé; souvent très épaisse et constituant la *chair* du fruit, comme dans la cerise et la prune ; 2° la *graine*, située dans le milieu du fruit, et contenant le *germe*, d'où doit sortir la nouvelle plante.

Outre la peau qui sert d'écorce à la graine, le germe est souvent enveloppé dans une partie charnue ou farineuse, qui lui sert de nourriture avant qu'il soit assez fort pour la pomper lui-même dans le sein de la terre : ce fait est bien visible dans le haricot, dans l'amande, dans le blé, etc.

3. **Germination des graines.** — Pour qu'une graine puisse germer, il lui faut de la chaleur, de l'air et de l'eau, ou une terre suffisamment humide. — Alors on voit la graine mise en terre se gonfler, se ramollir; puis le germe, déchirant ses enveloppes, pousser une petite racine qui s'enfonce tou-

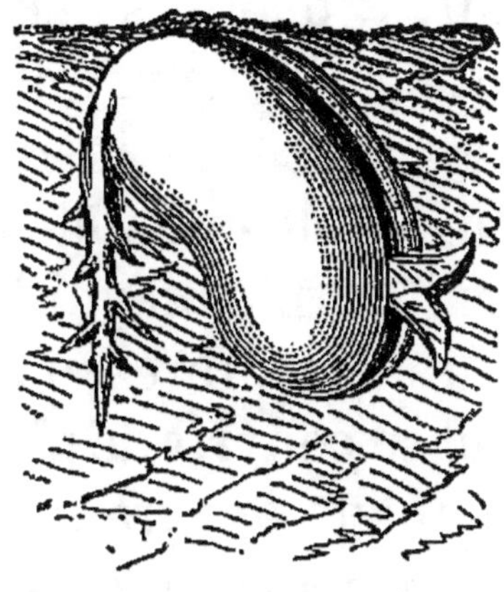

Fig. 8. — Germination du haricot.

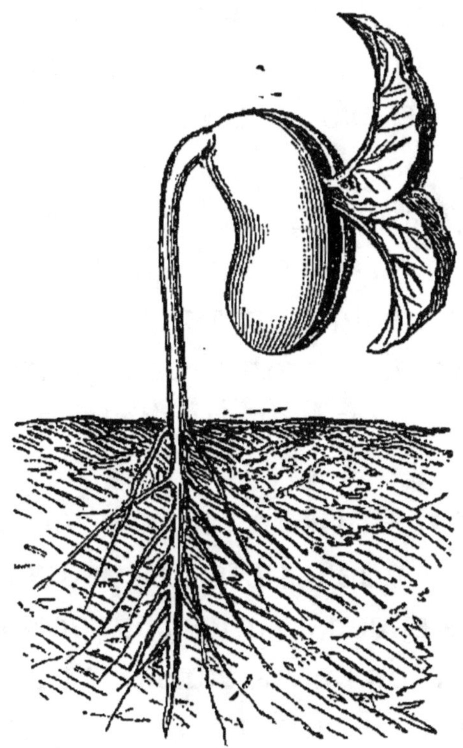

Fig. 9. — Premier développement
du haricot.

jours vers la terre, et une petite tige qui tend à s'élever.

4. La durée de la germination varie selon les espèces ou selon la chaleur, l'humidité, etc., depuis quelques heures jusqu'à une ou deux années. — Relativement au temps pendant lequel les graines conservent la propriété de germer, les différences sont plus grandes encore. Il en est qui ne germent que si on les a mises en terre aussitôt

après qu'elles sont mûres; d'autres peuvent encore germer au bout de plusieurs années, et même de plusieurs siècles. Ainsi, des grains de blé retirés des catacombes de l'antique Égypte ont fourni un blé magnifique. — Quand on remue des décombres, on voit quelquefois aussi le sol se couvrir de plantes nouvelles, qui proviennent de graines enfouies dans leurs matériaux depuis une époque indéterminée.

5. Les graines offrent les produits les plus utiles à l'homme, depuis les céréales, avec lesquelles on fait le pain, jusqu'au café, au cacao avec lequel on prépare le chocolat; depuis les graines du colza, de la navette, etc., dont on tire des huiles, jusqu'à la moutarde et plusieurs graines aromatiques, qu'on emploie comme assaisonnement, comme remèdes, dans l'art de la teinture, etc.

6. **Les bourgeons.** — Ce n'est pas seulement par les graines que les plantes peuvent se multiplier, mais encore par les *bourgeons*. Les bourgeons sont de petits corps ordinairement enveloppés d'écailles, qui poussent le long des tiges ou à leur extrémité, et qui

renferment les germes de nouvelles branches, ou de nouvelles fleurs. — On les nomme *yeux*, quand ils commencent à poindre; *boutons* ou *bourgeons*, quand, par suite de l'activité de la sève, ils se sont développés. — Les *bulbes* ou *oignons* sont des bourgeons souterrains.

7. La greffe. — C'est ordinairement avec les bourgeons que l'on pratique la *greffe*. — Pour greffer, on insère ordinairement un bourgeon, enlevé à une autre plante, entre l'écorce et le bois de l'espèce que l'on veut greffer; la sève les soude ensemble. Du reste, il y a bien des manières de greffer.

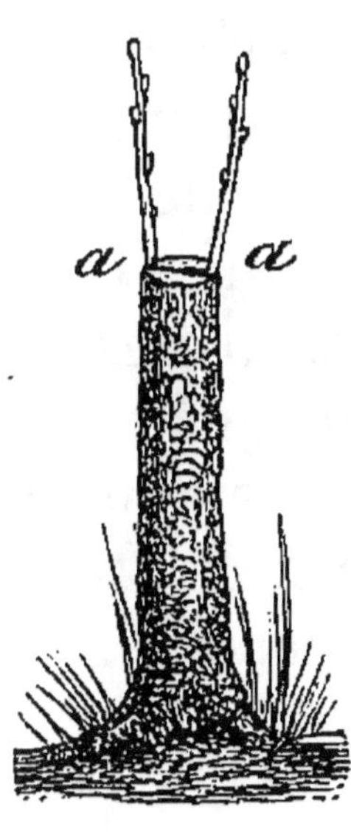

Fig. 10.

L'espèce de greffe que l'on voit à la figure 10 se fait à l'aide de deux rejetons *a*, *a*, qu'on insère entre l'écorce et le bois. — Pour que la greffe réussisse, il faut qu'elle se fasse entre plantes de la même espèce, ou tout au moins de la même famille. Ainsi, on ne pourrait greffer un cerisier sur un prunier. — A l'aide de cette opération, on multiplie, en économisant beaucoup de temps, des espèces ou des variétés qui se perdraient par le semis, et qui donnent ainsi plus promptement des fruits.

8. Durée des végétaux. — Les végétaux ne durent pas tous également. — On appelle *annuelles* les plantes qui poussent et meurent dans la même année, après avoir donné des graines ; *bisannuelles*, celles qui ne fleurissent et ne donnent des graines que dans la seconde année, après quoi elles meurent ; *vivaces*, celles qui durent un nombre d'années non limité, les unes portant des tiges ligneuses, qui durent autant qu'elles, les autres des tiges herbacées qui poussent chaque année. — La durée des arbres dépasse le plus souvent celle de la vie de l'homme. Les chênes peuvent vivre plusieurs siècles dans un bon terrain ; les oliviers trois cents ans et plus ; les baobabs, arbres du Sénégal, plusieurs milliers d'années. — Autant on peut compter de zones ou de couches circulaires de bois dans le tronc d'un arbre, autant cet arbre a d'années.

Questionnaire.

1. Qu'est-ce que le fruit? — Quel usage en fait-on?	5. De quelle utilité sont les graines?
2. Quelles en sont les parties constituantes?	6. Qu'est-ce que les bourgeons? — les bulbes?
3. Qu'appelle-t-on germination?—Quelles conditions sont nécessaires à la germination?	7. En quoi consiste la greffe? — Quel en est le but?—Que faut-il pour qu'elle réussisse?
4. Quelle est la durée de la germination?	8. Quelle est la durée des plantes?

CHAPITRE XII.

Division des plantes en classes. — Les plantes alimentaires. — Les céréales : blé, seigle, orge, maïs, etc. — Les plantes fourragères : avoine, luzerne, trèfle, etc.

1. Il existe un nombre si considérable de plantes, que les botanistes, qui en ont déjà décrit plus de cent mille espèces, ont été obligés, pour s'y reconnaître, de les distribuer en un certain nombre de classes,

subdivisées elles-mêmes en familles, c'est-à-dire en groupes naturels formés des espèces qui ont le plus de caractères communs.

Laissant à des livres plus étendus que celui-ci, et destinés à des lecteurs plus âgés, l'exposé de ces classifications savantes, nous nous bornerons à ranger ici les plantes en quatre classes principales, d'après les usages auxquels on peut les employer, savoir : 1° les plantes *alimentaires* et *fourragères*; 2° les plantes *industrielles* ou *économiques*; 3° les plantes *médicinales* et les plantes *vénéneuses*; 4° les plantes d'*agrément* ou d'*ornement*.

2. Les plantes alimentaires. — Parmi les *plantes alimentaires* dont l'homme se nourrit, on range les *céréales;* les *plantes légumineuses ;* les *herbes potagères;* les *racines;* les *tubercules* et les *bulbes;* les *fruits potagers;* les *arbres fruitiers.* Nous y ajouterons quelques *plantes exotiques,* qui fournissent des boissons, des aliments, des aromates ou des épices.

3. Les céréales. — Nous mettons en première ligne les *céréales* ou *graminées,* dont les fleurs en épi portent des graines fari-

5.

neuses qui servent à l'alimentation de l'homme, et que le Créateur, dans sa sage prévoyance, a répandues avec libéralité sur la terre ; tels sont le *blé*, le *seigle*, l'*orge*, le *maïs*, le *riz*, le *sarrasin*.

4. Le blé. — Le *blé* ou le *froment* renferme un grand nombre de variétés. La plus généralement cultivée en Europe, c'est le *froment d'hiver*, que l'on sème en automne, et que l'on récolte dans le mois de juillet ou d'août de l'année suivante.

C'est avec la farine de blé que l'on fait le pain le meilleur et le plus nourrissant. — Le *son* ou l'enveloppe du grain de blé sert, ainsi que le *chaume* ou *paille*, à la nourriture de plusieurs animaux domestiques et à divers usages.

5. Le seigle. — Le *seigle* est la céréale des climats froids. Il se distingue du froment par son épi plus plat, toujours barbu ; son grain est plus faible. — La variété commune se sème en automne, et se récolte en juillet, avant le blé.

Mêlée au froment, la farine de seigle communique au pain un goût agréable, et le conserve plus longtemps frais. — Quand on l'emploie seul, le seigle donne un pain compact, de couleur brune, moins nourrissant que celui de froment. — Cette plante est sujette à l'*ergot*, maladie qui change le grain en une excroissance noirâtre, recourbée comme l'ergot d'un coq, et qui, moulue avec la farine, peut occasionner des maladies dangereuses quand elle est mêlée au pain.

6. **L'orge**. — L'*orge* est cultivée depuis l'Arabie jusqu'au cercle polaire et donne des récoltes plus abondantes que le blé et le seigle. Elle a le grain renflé au milieu et marqué d'un sillon dans le sens de sa longueur.

On appelle *orge mondé*, *gruau d'orge*, le grain qui a été privé de son écorce amère et coriace ; *orge perlé*, celui qui est blanchi et arrondi mécaniquement : c'est de cette manière qu'on l'emploie en tisane comme rafraîchissant.

Le pain préparé avec la farine d'orge est lourd, compact, mal levé. On la mélange avec une certaine quantité de blé dans les contrées où le froment est rare. Utilisée chez nous pour la nourriture de certains bestiaux, l'orge l'est dans les pays méridionaux pour celle des chevaux ; mais son principal usage dans nos climats est la fabrication de la bière. Le *malt* dont se servent les brasseurs est l'orge germée et séchée ; la *drèche* est le résidu du malt après la fabrication de la bière.

7. Le maïs. — Le *maïs* ou *blé de Turquie* est une plante annuelle d'un mètre et plus de hauteur. Sa tige porte de longues feuilles et de gros épis chargés de grains jaunes.

La farine que l'on retire de ses grains est jaune, d'un goût agréable, plus grasse que celle de toutes les céréales. Elle ne peut faire du pain, mais on en prépare des bouillies et des gâteaux, qui sont la principale nourriture des habitants pauvres de certaines contrées méridionales. Ce grain est aussi une bonne nourriture pour les bestiaux, et surtout pour la volaille. — Les feuilles de maïs sont employées aux mêmes usages que la paille.

8. Le riz. — Le *riz* est une plante annuelle qui s'élève à 80 centimètres environ. Son grain est plus ou moins blanc, plus ou moins transparent. — Le riz ne réussit que dàns les pays très chauds et dans les lieux bas et inondés, et il n'a pu être acclimaté en France. Il se dégage des rizières ou plantations de riz des émanations dangereuses, et qui engendrent des maladies graves. — C'est la moins nourrissante de toutes les céréales : on ne peut faire de pain avec le riz. Cependant c'est la nourriture principale des peuples de l'Asie, où il est surtout cultivé, ainsi qu'en Amérique. — Bouillie dans l'eau, cette graine donne une tisane adoucissante. Les pailles dites d'Italie en chapellerie sont des pailles de riz. Le *rack* est une eau-de-vie provenant de la distillation du riz.

Avec la farine du *millet* on prépare des bouillies très usitées dans quelques contrées. Les graines du millet sont plus particulièrement réservées à la volaille ; la paille sert à faire des balais.

9. Le sarrasin. — Le *sarrasin*, improprement appelé *blé noir*, quoiqu'il ne soit pas une graminée, doit trouver ici sa place, parce qu'il donne une farine avec laquelle on fait soit un pain noir et compact, soit des galettes, des bouillies, qui constituent la principale nourriture des habitants de quelques contrées pauvres. — La volaille de basse-cour aime ce grain.

10. Les plantes fourragères. — A la suite des céréales qui servent d'aliment à l'homme, citons celles qui servent à la nourriture des bestiaux, et qu'on désigne sous le nom commun de *plantes fourragères.*

L'avoine est la plus importante de ces plantes. — Elle ne fleurit pas en épis serrés comme les céréales, mais en rameaux lâches et pendants; ses grains sont allongés, lisses, noirâtres ou blanchâtres, selon les variétés. — C'est une excellente nourriture pour les chevaux et les animaux de basse-cour. — Le gruau et la farine d'avoine sont employés dans certains pays à l'alimentation de l'homme.

Les autres plantes fourragères que l'on rencontre dans les prairies artificielles ou temporaires, sont la *luzerne*, le *trèfle*, le *sainfoin*, le *lupin*, la *vesce*, etc., de la famille des légumineuses, c'est-à-dire plantes à légume ou gousse. — Dans les prairies naturelles ou permanentes, on sème le *ray-grass* ou *gazon anglais*, le *vulpin*, le *paturin*, la *minette*, la *féverolle*, etc.

Questionnaire.

1. Comment peut-on diviser les plantes?

2. Quelles sont les plantes alimentaires?

3. Qu'est-ce que les céréales?

4. Parlez du blé et de sa culture. — A quoi sert le son?

5. En quoi le seigle diffère-t-il du blé? — Quelles en sont les propriétés?

6. Parlez de l'orge, — de sa culture. — Qu'appelle-t-on orge mondé, — orge perlé?

7. Qu'est-ce que le maïs? — Quels en sont les usages?

8. Parlez du riz, — de sa culture.

9. Quel usage fait-on du sarrasin?

10. Parlez des plantes fourragères; — de l'avoine; — de celles qui croissent dans les prairies artificielles, — dans les prairies naturelles.

CHAPITRE XIII.

Les plantes légumineuses : haricot, pois, lentille. — Les herbes potagères : chou, artichaut, asperge, chicorée, etc.

1. Les plantes légumineuses. — Plusieurs espèces de plantes *légumineuses*, comme le *haricot*, le *pois*, la *lentille*, nous offrent dans leurs graines farineuses une nourriture abondante et saine. On les mange fraîches ou sèches.

2. Les haricots. — On en cultive un grand nombre de variétés. Le *flageolet* ou haricot de Paris, le gros *haricot de Soissons*, la *fève*, sont les espèces les plus répandues. — On nomme *haricots verts* les gousses dont le grain n'est pas encore formé.

Les pois. — On en distingue aussi plusieurs variétés, entre autres le *pois à écosser*, le *pois goulu*, dont on mange les cosses, le *pois commun*, le *pois chiche*, qui ne réussit bien que dans le Midi.

Les lentilles. — Les *lentilles* ne se mangent que sèches. — Elles demandent un sol léger et sablonneux.

3. Les herbes potagères. — Ce sont les légumes herbacés que l'on cultive dans le jardin potager pour leurs feuilles ou leurs fleurs ; tels sont le *chou*, l'*artichaut*, l'*asperge*, l'*épinard*, l'*oseille*, la *chicorée*, la *laitue*, la *mâche*, le *cresson*, le *persil*, le *cerfeuil*, la *moutarde*.

5.

4. Le chou. — Le *chou* est une des plantes les plus utiles à cause de la nourriture abondante qu'il fournit aux hommes et aux animaux. — On en connaît plusieurs espèces potagères. Le *chou vert* se distingue par sa haute taille et se mange non pommé. Le *chou pommé* ou *chou commun*, dont les feuilles forment, en se recouvrant les unes les autres, une tête arrondie ; le *chou rouge*, celui de *Bruxelles*, celui de *Milan*, le *chou blanc*, avec lequel on prépare la choucroute, sont des variétés de cette même espèce. — Dans le *chou-fleur*, les fleurs et les rameaux ont beaucoup grossi, et, par leur soudure entre eux, forment une tête épaisse et charnue.

5. L'artichaut. — L'*artichaut* a de grandes feuilles découpées, qui partent du pied en s'étalant. Les tiges se terminent par une tête ou fleur en partie formée d'écailles qui s'attachent sur le calice : ce sont ces écailles et ce calice que l'on mange. — Les *cardes* sont les côtes ou nervures des feuilles du *cardon*. Elles se mangent comme l'artichaut, auquel cette plante ressemble.

6. L'asperge. — L'*asperge* est une plante vivace, à petites fleurs jaunes, et dont la racine, dirigée horizontalement sous la terre, donne naissance au printemps à de jeunes tiges terminées par une espèce de bourgeon que l'on mange.

7. L'épinard, l'oseille. — *L'épinard* est une plante annuelle à petites fleurs verdâtres et à feuilles molles, que l'on mange hachées.

L'oseille est une plante vivace, croissant naturellement dans les prés, et que l'on cultive dans les jardins pour ses feuilles, qui se mangent, et avec lesquelles on fait aussi des bouillons rafraîchissants. — Son goût acide est dû au sel d'oseille[1] qu'elle contient en assez grande quantité.

8. La chicorée. — La *chicorée commune*, plante vivace qui croît dans les champs, se cultive comme salade d'hiver ; c'est la *barbe-de-capucin*. — Sa racine, brunâtre en dehors, grosse comme le doigt, se grille et se réduit en poudre pour se vendre sous le nom de *café-chicorée*. — La *chicorée endive*, que l'on cultive dans les jardins potagers, et que l'on mange cuite ou en salade, diffère peu de la chicorée sauvage.

---

1. Voir notre *Petite Chimie*, chap. XXII.

9. La laitue. — Les principales variétés sont : la *laitue pommée*, la *laitue frisée*, la *laitue romaine*. Ces différentes variétés fournissent les salades les plus estimées. — Le suc de leurs feuilles est calmant, et s'emploie comme tel en médecine.

10. La mâche, le cresson. — La *mâche* ou *doucette*, petite plante commune dans les champs, est cultivée pour ses feuilles, que l'on mange en salade avant que la tige soit développée.

Le *cresson de fontaine*, à tige rampante, à fleurs blanches, est généralement assez commun sur le bord des ruisseaux pour suffire à la consommation. — Ses feuilles, légèrement piquantes, se mangent crues, en salade. On cultive pour le même usage le *cresson alénois*, dont les feuilles ont à peu près le même goût que les précédentes.

11. Le persil, le cerfeuil. — Le *persil* et le *cerfeuil* sont abondamment cultivés pour servir d'assaisonnements à nos aliments.

12. La moutarde. — La *moutarde* présente deux espèces, toutes deux communes dans les champs : la *noire*, dont les graines ont cette couleur à l'extérieur; la *blanche*, à graines jaunes, plus grosses que les précédentes : cette dernière, employée comme remède, l'est plus rarement comme assaisonnement. — Ces graines, broyées et mélangées au vinaigre, constituent la préparation de la moutarde que l'on emploie sur les tables.

Questionnaire.

1. Nommez les plantes légumineuses.

2. Parlez des haricots, — des pois, — des lentilles.

3. Qu'appelle-t-on herbes potagères?

4. Parlez des différentes variétés du chou. — Qu'est-ce que le chou-fleur?

5. Parlez de l'artichaut.

6. — de l'asperge.

7. — de l'épinard et de l'oseille.

8. — de la chicorée.

9. — de la laitue.

10. — de la mâche et du cresson.

11. — du persil et du cerfeuil.

12. — de la moutarde.

CHAPITRE XIV.

Les racines, les tubercules, les bulbes : pomme de terre, betterave, carotte, navet, etc. — Les fruits potagers : melon, concombre, fraisier, groseillier, etc.

1. Les racines, les tubercules et les bulbes. — On trouve, parmi les racines, les tubercules et les bulbes des substances alimentaires très répandues. Citons la *pomme de terre*, la *betterave*, la *carotte*, le *navet*, le *salsifis*, le *céleri*, le *raifort*, l'*oignon*, les *champignons*.

2. La pomme de terre. — Parmi les plantes dont on mange les racines ou les tubercules, nous citerons en première ligne la *pomme de terre*, si utile surtout dans les temps de disette. — Cette plante est originaire d'Amérique. Sa culture, perfectionnée à la fin du dernier siècle par Parmentier, donne des produits abondants et qui ne manquent jamais. Mais la fécule qu'elle contient est beaucoup moins nourrissante que la farine de blé. — On en compte une soixantaine de variétés, que l'on distingue par la forme et la couleur.

L'*aubergine* et la *tomate* sont des plantes de la même famille. — Les fruits de l'aubergine, violets ou blancs et semblables à des œufs de poule, perdent leur âcreté par la cuisson. — Les fruits rouges de la tomate, de saveur aigrelette, servent à faire des sauces. — Les tubercules de *topinambour*, d'une saveur douceâtre, sont surtout d'une utile ressource pour les bestiaux.

3. La betterave. — La *betterave* se distingue par ses larges feuilles, luisantes, d'un beau vert, et par sa racine charnue, sucrée, très grosse. — La culture de cette plante est un objet de première importance, depuis qu'on est parvenu à retirer de ses racines une

Fig. 11. — La betterave.

assez grande quantité de sucre pour remplacer avec avantage le sucre de canne, dont il ne diffère aucunement. — La variété nommée *disette* est particulièrement cultivée pour servir de nourriture aux bestiaux. — Les feuilles de la betterave proprement dite servent au même usage.

4. **La carotte**. — La *carotte* sauvage, commune dans nos prairies, a une racine blanchâtre, coriace, d'un goût âcre et désagréable. Par la culture elle devient charnue, rougeâtre, douce et sucrée, et constitue un aliment sain et nourrissant, également utile au bétail.

5. **Le navet**. — Le *navet*, abondamment cultivé dans toute l'Europe, à raison des usages alimentaires de sa racine, présente un grand nombre de variétés. Les deux principales sont le navet *rond* ou *turneps* et le navet *long* ou *navet-rave*.

6. **Le salsifis, le céleri**. — Le *salsifis* a la racine blanche, très allongée. C'est la partie que l'on mange ainsi que dans le *panais*, la *scorsonère*.

Le *céleri* cultivé perd l'âcreté qu'il a à l'état sauvage, et se mange, cru ou cuit, en salade. — Toutes les parties de cette plante sont comestibles. — Dans le *céleri-rave* la racine devient très grosse.

7. Le raifort. — Le *raifort* cultivé ou *radis* offre un grand nombre de variétés. Les *radis* proprement dits sont plus ou moins arrondis ; les *raves* se reconnaissent à leur forme allongée. — Ces racines ne se mangent que crues ; leur goût piquant excite l'appétit.

8. L'oignon. — Il n'est personne qui ne connaisse l'oignon, son odeur piquante, son goût âcre, qui se dissipe presque entièrement quand on le fait cuire. — L'oignon n'est pas bien digéré par les estomacs délicats.

Le *poireau* n'a guère d'autre utilité que d'entrer dans le *pot au feu*, à titre d'assaisonnement ; on emploie le bulbe et les feuilles. — L'*ail* contient un suc tellement âcre, que, appliqué sur la peau, il y produit en quelques minutes une ampoule : ce qui n'empêche pas qu'on ne s'en serve comme assaisonnement. — L'*échalotte* ressemble beaucoup à l'ail, et s'emploie aux mêmes usages. — La *ciboule* sert à relever le goût des aliments.

9. Les fruits potagers. — Ce sont des substances alimentaires très rafraîchissantes, mais très peu réparatrices ; tels sont le *melon*, le *concombre*, la *fraise*, la *groseille*.

10. Le melon, le concombre. — Le *melon*, originaire d'Asie, est une plante à longue tige rampante, dont la culture a beaucoup accru les variétés. La variété la plus estimée est le *cantaloup*.

Le *concombre* a des fruits longs, de couleur verte ou jaune. Cueillis avant leur développement et confits dans le vinaigre, on les nomme *cornichons*. — Les *potirons*, les *citrouilles*, les *courges*, qu'on mange cuits, se distinguent des melons par leur peau lisse ; leur volume est quelquefois considérable, leur chair est fade. — La *pastèque* ou *melon d'eau* est une courge à chair rose, légèrement sucrée.

11. Le fraisier, le groseillier. — Le *fraisier* pousse naturellement sur la lisière des bois. Il présente, par la culture, plusieurs variétés, dont une des plus estimées est la *fraise-ananas*. — Le *framboisier* et le *mûrier noir* sont des arbustes de la même famille.

Le *groseillier* est un petit arbuste, dont on cultive trois variétés : le *groseillier ordinaire* à fruits rouges ou blancs, le *groseillier épineux* ou à *maquereau*, et le *cassis* à fruits noirs.

Questionnaire.

1. Qu'avez-vous à dire sur les racines, les tubercules et les bulbes ?

2. Parlez de la pomme de terre, du topinambour.

3. Quelle est l'utilité de la betterave ?

4. Parlez de la carotte.

5. Parlez du navet et de ses principales variétés.

6. — du salsifis, du panais, du céleri.

7. — du raifort, du radis, des raves.

8. Quels sont les usages de l'oignon ?

9. Nommez les principaux fruits potagers.

10. Parlez du melon, du concombre, des potirons.

11. — du fraisier, du framboisier, du groseillier.

CHAPITRE XV.

*Les arbres fruitiers : poirier, pommier, abrico-
tier, pêcher, cerisier, vigne, etc. — Les plantes exotiques : thé, café, etc.*

1. Les arbres fruitiers. — On les cultive
tantôt dans le verger, ou en plein vent, tantôt en espalier. Ils proviennent généralement d'espèces sauvages que la culture a
beaucoup perfectionnées. Citons le *poirier*,
le *pommier*, l'*abricotier*, le *pêcher*, le *prunier*, le *cerisier*, l'*oranger*, le *citronnier*, la
vigne, le *houblon*, le *figuier*, l'*amandier*, le
noisetier.

2. Le poirier, le pommier. — On connaît
de très nombreuses variétés de poires et de
pommes. Les plus recherchées sont, parmi
les poires : les *beurrés*, les *doyennés*, les
bons-chrétiens, les *bergamotes*; parmi les
pommes : les *calvilles*, les *reinettes*. Ce sont
des fruits sains et savoureux.

Les pommes, très communes en Normandie, y donnent, par la fermentation de leur
jus, la boisson connue sous le nom de *cidre*.

— Avec les poires on fait de même le *poiré*.

— Le bois du poirier est employé par les tourneurs.

Le *cognassier* est un arbre qui produit une poire jaune, parfumée, avec laquelle on fait des confitures, un sirop, etc.

3. L'abricotier, le pêcher. — *L'abricotier* et le *pêcher* sont originaires de l'Asie. Ils se cultivent généralement en espalier. — Leurs amandes servent à fabriquer la liqueur appelée *eau de noyau*.

4. Le prunier. — Le *prunier*, également originaire d'Orient, vient bien en plein vent. On en connaît plusieurs variétés : les prunes de Tours, d'Agen, de Damas, sont les plus estimées. — Son bois veiné, d'un rouge brun, sert quelquefois dans l'ébénisterie. — *La reine-Claude*, la *mirabelle*, sont des espèces du même genre.

5. Le cerisier. — Le *cerisier*, importé d'Asie, présente plusieurs variétés. Les principales sont : les *guignes*, les *bigarreaux*, les *griottes* et les *merisiers*, espèce à peu près sauvage, dont les fruits ne se mangent guère crus, mais servent à faire le ratafia, le kirsch.

6. L'oranger, le citronnier. — *L'oranger* et le *citronnier*, originaires de contrées très chaudes, ne viennent en pleine terre que dans le midi de la France et de l'Europe.

— Ils sont recherchés pour les qualités agréables et rafraîchissantes de leurs fruits. Le bois, les feuilles, les fleurs de ces arbres sont aussi utilisés.

7. La vigne. — La *vigne* est une plante grimpante, qui fut jadis introduite par une colonie grecque dans notre pays, dont elle est aujourd'hui un des plus riches produits. Elle est cultivée dans 80 départements, et à leur tête sont l'Hérault, la Gironde, la Côte-d'Or. On la cultive sur les coteaux, en plein champ, dans les vergers, en la soutenant par des échalas ou par des treillages. — On la taille pour que les raisins soient plus beaux et en plus grande quantité. — La culture y a introduit un grand nombre de variétés nommées *cépages*, d'où la grande diversité des vins, qui se fabriquent avec les sucs fermentés des raisins.

8. Le figuier. — Le *figuier* est cultivé dans le midi de la France et de l'Europe. Ses fruits, recherchés dans nos contrées, entrent pour une large part dans la nourriture des populations de l'Asie et de l'Afrique.

9. L'amandier. — *L'amandier* est un bel arbre qui croît surtout dans le Midi. Ses fruits ou *amandes* fournissent une huile très adoucissante et particulièrement employée en médecine.

10. Le noisetier. — Le *noisetier* ou *coudrier* est un arbrisseau très commun dans les haies et les bois taillis. — Ses fruits s'améliorent par la culture. — Ses jeunes branches sont employées à faire des cerceaux pour les futailles, etc. — Les fruits du *néflier* et du *sorbier* se mangent blets. Le bois de ce dernier, très dur, sert à faire des vis, des dents de roue et est employé dans la gravure sur bois.

On compte encore parmi les fruits les *noix* et les *châtaignes* ou *marrons*, qui proviennent de deux arbres, le *noyer* et le *châtaignier*, dont nous parlerons plus loin.

Mentionnons aussi le *houblon*, plante grimpante, dont le fruit ou cône est formé de petites écailles vertes, qui contiennent le principe amer avec lequel on aromatise la bière.

11. Les plantes exotiques. — Il est des plantes exotiques ou étrangères qui nous fournissent des *boissons aromatiques* très recherchées, telles que le *thé*, arbrisseau originaire de la Chine, et dont on prend les feuilles desséchées en infusion ; — le *café*, dont la graine si estimée provient du *caféier*, arbrisseau d'Arabie, aujourd'hui cultivé dans nos colonies, en Amérique, etc. ; — le *cacao*, graine du *cacaoyer*, arbre d'Amérique, et qui, mêlée avec le sucre, forme le chocolat.

Citons encore le *sucre de canne*, qui se tire d'une belle graminée de 4 mètres de hauteur, la *canne à sucre*. La canne ne peut croître que dans les régions tropicales de l'Amérique et de l'Asie méridionales. — En écrasant la tige sous des cylindres, il en sort un suc, qu'on fait bouillir pour l'épaissir, puis qu'on débarrasse, par divers procédés, des impuretés qu'il contient. — Ainsi préparé, c'est la cassonade ; il ne s'agit plus que de la raffiner pour en faire du sucre blanc. La mélasse est la partie qui n'a pas pu se cristalliser en sucre. — Le rhum est fabriqué avec la mélasse, qu'on fait fermenter.

Nous devons enfin à d'autres plantes exotiques des *épices* ou des *aromates* très usités comme assaisonnements, tels que le *poivre*, le *girofle*, la *muscade*, la *cannelle*, la *vanille*.

Questionnaire.

1. Quelles sont les principales espèces d'arbres fruitiers ?

2. Citez les principales variétés de poires et de pommes.

3. Parlez de l'abricotier et du pêcher.

4. — du prunier.

5. — du cerisier.

6. — de l'oranger et du citronnier.

7. Citez la vigne et dites comment on la cultive.

8. Parlez du figuier.

9. — de l'amandier.

10. — du noisetier, — du houblon.

11. Quelles sont les plantes exotiques qui nous fournissent les produits les plus usuels? — Citez les épices et les aromates tirés de plantes exotiques.

CHAPITRE XVI.

Les plantes industrielles. — Les plantes oléagineuses. — Les plantes à essences. — Les plantes gommeuses et résineuses. — Les plantes textiles. — Les plantes tinctoriales.

1. Les plantes industrielles ou économiques. — Parlons maintenant des *plantes industrielles* ou *économiques*, c'est-à-dire des végétaux dont on tire quelque utilité dans l'économie domestique, les arts ou l'industrie. On y comprend les plantes *oléagineuses*, qui fournissent des huiles; celles d'où l'on tire des *résines* ou des *gommes*; les plantes *textiles*; les plantes *tinctoriales*, enfin les arbres qui fournissent les *bois de construction, d'œuvre* ou *de chauffage.*

2. Les plantes oléagineuses. — Sous ce titre, nous rangeons les plantes dont les fruits ou les graines fournissent des huiles employées à divers usages, telles que l'*olivier*, le *colza*, la *navette*, le *pavot*.

3. L'olivier. — *L'huile d'olive*, avec laquelle on prépare certains aliments, et que l'on fait entrer dans la fabrication des savons fins, se retire, par la pression des fruits, de l'*olivier d'Europe*, arbre naturalisé dans le midi de la France, où il atteint 5 mètres de hauteur.

4. Le colza, la navette. — On retire des graines du *colza*, espèce de chou, et de celles de la *navette*, espèce de navet, une huile grasse, c'est-à-dire ne séchant jamais, spécialement employée à l'éclairage.

5. Le pavot. — Il y a plusieurs variétés de *pavot*. On donne le nom de *pavot noir* à celle dont les fleurs sont rougeâtres, les graines noires; celui de *pavot blanc*, à la variété dont les fleurs et les graines sont blanches. — Les graines de l'une et de l'autre contiennent une huile employée dans la peinture et même comme aliment, sous le nom d'*huile d'œillette*.

On tire encore de l'huile de la graine de *lin*, du *chènevis* ou graine du chanvre, et de la *faîne*, qui est le fruit du hêtre. L'*arachide* ou pistache de terre produit une amande, d'où l'on tire une huile comestible. On la cultive en Afrique et dans le midi de la France.

6. Les plantes à essences. — Les huiles dont nous venons de parler sont appelées huiles *fixes*, par opposition aux huiles *volatiles* ou *huiles essentielles*, que fournissent les plantes dites à essences; telle est l'*essence de térébenthine*, qui provient de la distillation de la résine de térébenthine, et qui entre dans la composition des vernis; telles sont encore les *essences de menthe*, d'*anis*, de *lavande*, de *rose*, d'*amandes amères*, etc., employées dans la pharmacie et dans la parfumerie. — Le *camphre* est aussi une sorte d'huile essentielle solidifiée, qu'on obtient par la distillation des branches du *camphrier*, espèce de laurier originaire de l'Inde.

7. Les plantes gommeuses ou résineuses. — Nous désignons sous ce titre diverses espèces de plantes qui, par l'incision de leurs tiges, fournissent des sucs de nature gommeuse ou résineuse, tels que la *gomme*, le *caoutchouc*, le *goudron*, la *poix*.

8. La gomme. — La *gomme arabique* et la *gomme adragante*, employées par les médecins comme adoucissantes, par les confiseurs pour les bonbons, et qui servent à donner de l'apprêt à certains tissus, découlent de diverses espèces d'arbres qui croissent en Afrique et en Asie. La gomme qui, dans notre pays, exsude à travers l'écorce des cerisiers et des pruniers est impure et ne sert qu'à la chapellerie.

9. **Le caoutchouc.** — Le *caoutchouc* est une espèce de gomme ou de résine, qui découle du tronc de plusieurs arbres de l'Amérique du Sud. Ce suc est reçu dans des moules en terre, où il s'épaissit et acquiert, en se desséchant, l'élasticité qu'on lui connaît. On en fait aujourd'hui d'innombrables applications à l'industrie : vêtements et chaussures imperméables, tuyaux à conduire l'eau, tampons de chemin de fer, moulages, instruments, ustensiles, meubles de toute sorte. — La *gutta-percha*, qui a des propriétés et des usages analogues, est le suc d'un arbre de l'Asie méridionale.

10. **La térébenthine, le goudron, la poix.** — La *térébenthine* et la *poix blanche* sont des résines qui découlent d'incisions faites

au tronc des pins et des sapins. — Le *gou-dron*[1], la *poix noire*, dont on enduit les cordages, les toiles, les embarcations, etc., pour les rendre imperméables, s'obtiennent par la distillation du tronc ou des branches des mêmes arbres. La préparation de ces divers produits des arbres résineux est une importante occupation des habitants du département des Landes.

11. Les plantes textiles. — Les *plantes textiles* ou *filamenteuses* sont celles d'où l'on tire les matières premières avec lesquelles on fabrique le linge et les tissus qui nous servent de vêtements. Ce sont le *chanvre*, le *lin*, le *coton*.

12. Le chanvre. — Le *chanvre* est une plante annuelle dont la tige fournit des fibres qui servent à la préparation du fil et des cordages. Pour cela, on les fait tremper dans l'eau, qui détruit la partie tendre et ne laisse que les fibres. — Cette opération, qu'on nomme *rouissage*, doit être faite loin

---

1. La distillation de la houille fournit un goudron bien différent de celui dont nous parlons ici. Voir notre *Petite Chimie*, ch. XXV.

des habitations : car elle a pour effet de dégager des odeurs très malsaines.

13. **Le lin**. — Le *lin* est une plante annuelle dont la tige produit des fibres avec lesquelles on fabrique des fils très fins. On le prépare par le rouissage comme le chanvre.

14. **Le cotonnier**. — Le *cotonnier* est un arbuste à grandes fleurs jaunes ou purpurines, cultivé en Amérique, en Afrique, dans l'Inde ; ses graines sont recouvertes d'une espèce de bourre ou de duvet, qui est le *coton*, avec lequel on fabrique le fil de coton, les toiles dites cotonnades, le calicot, etc.

Les *joncs* sont des plantes herbacées qui se plaisent au bord des eaux, et avec lesquelles on fait des nattes, des paniers, des corbeilles, on recouvre les chaises, etc. — Le *crin végétal*, que l'on substitue par économie au crin ordinaire, se tire de plusieurs espèces de joncs.

Bien que la soie provienne d'un insecte, nous ne pouvons oublier, parmi les végétaux qui ont quelque rapport avec l'industrie textile, le *mûrier blanc*, arbre avec les feuilles duquel on nourrit la chenille qui produit ce fil précieux.

15. L'alfa. — L'*alfa* est une plante analogue aux graminées, exploitée en Algérie, et qui sert à la fabrication de nattes, de cordages grossiers, de papier.

Le *phormium* ou lin de la Nouvelle-Zélande sert à fabriquer des toiles grossières.

16. Les plantes tinctoriales. — Les *plantes tinctoriales* sont celles qui servent dans la teinture et dans quelques arts, telles que la *garance*, les *bois de campêche* et de Brésil, le *genét*, le *safran*, le *pastel*, l'*indigotier*.

17. La garance, le bois de campêche. — La *garance* est une plante herbacée, qui était autrefois l'objet d'une importante culture dans plusieurs parties de la France. Sa racine servait à teindre en rouge les draps de l'armée. Elle est aujourd'hui remplacée par une couleur rouge tirée de l'aniline et nommée *alizarine*[1]. — Le *bois de campêche* et le *bois de Brésil*, qui nous viennent d'Amérique, fournissent une couleur d'un rouge plus ou moins sombre.

1. Voir notre *Petite Chimie*, ch. xxv.

18. Le genêt, le safran. — Le *genét des teinturiers* est un petit arbuste commun dans les haies, et dont les fleurs jaunes fournissent à la teinture une couleur jaune assez vive, moins belle cependant que celle qui est fournie par la *gaude*, espèce de réséda cultivé en grand dans plusieurs parties de la France. — Le *safran* est une plante à oignon, que l'on cultive dans quelques parties de la France pour la belle couleur jaune que donnent ses pistils; le safran est employé aussi par les pharmaciens et par les confiseurs.

19. Le pastel, l'indigotier. — Le *pastel* ou *guède* est une plante herbacée, dont les feuilles fournissent à la teinture en bleu une couleur assez peu recherchée depuis que l'on peut se procurer en abondance l'*indigo exotique*, qui lui est supérieur. — L'indigo se retire de plusieurs arbustes cultivés dans l'Amérique méridionale, aux Antilles, etc., sous le nom d'*indigotiers*. La plupart des matières colorantes tirées des végétaux ont perdu de leur importance, depuis qu'on emploie les couleurs d'aniline.

Questionnaire

1. Parlez des plantes industrielles ou économiques; comment les divise-t-on d'après la nature de leurs produits?

2. Qu'est-ce que les plantes oléagineuses?

3. D'où tire-t-on l'huile d'olive?

4. Que retire-t-on des graines du colza et de la navette?

5. Parlez des variétés du pavot.—Que retire-t-on de la graine du pavot? —Parlez de l'arachide.

6. Quelles sont les principales plantes à essences?

7. Qu'appelez-vous plantes gommeuses, résineuses?

8. Parlez de la gomme.

9. —du caoutchouc et de la gutta-percha.

10. — de la térébenthine, du goudron et de la poix.

11. Qu'est-ce que les plantes textiles?

12. Parlez du chanvre.

13. — du lin.

14. — du cotonnier. —Quel arbre fournit les feuilles dont on nourrit les vers à soie?

15. Qu'est-ce que l'alfa? — le phormium?

16. Quelles sont les plantes tinctoriales?

17. Parlez de la garance, — du bois de campêche.

18. Quelles couleurs tire-t-on du genêt et du safran?

19. — du pastel et de l'indigo?

CHAPITRE XVII.

*Champignons. — Lichens. — Mousses. —
Plantes marines.*

1. Il y a dans la nature de nombreuses
familles de plantes qui ne présentent point
de fleurs apparentes ; parmi elles se trouvent
les champignons, les lichens, les mousses,
les fougères, les algues.

Les champignons. — Les *champignons*
constituent une grande famille de végétaux d'une or-
ganisation toute
particulière, de
formes et de cou-
leurs très variées,
et parmi lesquels
il existe quelques
espèces comesti-
bles, telles que les
morilles, le *cham-*

Fig. 12. — Les champignons.

pignon de couche, mais aussi un plus grand
nombre d'espèces vénéneuses. Il est donc
prudent de ne manger que l'espèce qu'on
vend sur nos marchés, c'est-à-dire le champi-

gnon de couche. On le reconnaît à sa couleur blanche tirant un peu sur le brun, à sa tige ou pédicule portant une partie élargie ou *chapeau* lisse et convexe, à sa chair tendre et cassante, à son odeur légèrement aromatique[1]. — C'est une espèce de champignon croissant sur le chêne qui fournit l'*amadou*.

2. La *truffe* est une variété de champignon qui ne vient que sous terre, de forme arrondie, noirâtre extérieurement. Les truffes du Périgord sont les plus estimées. On emploie à leur recherche les porcs, qui en sont très friands, et qui les découvrent au flair. — On les mêle à certains aliments pour le parfum qu'elles leur communiquent.

3. **Les lichens.** — Les *lichens* sont des plantes qui ont l'apparence de croûtes minces, contournées, grisâtres, sèches. Elles croissent sur les vieux arbres, sur les rochers, sur la terre. Le lichen d'Islande est employé en médecine; d'autres fournissent des matières colorantes. Enfin les ha-

---

1. Voir dans notre *Petite Hygiène* les premiers secours à donner aux personnes empoisonnées par les champignons.

bitants des pays septentrionaux les utilisent pour leur nourriture ou pour celle des animaux.

4. Les mousses. — Les *mousses* sont de très petites plantes herbacées qui croissent par touffes serrées dans les lieux humides, dans les forêts, sur le tronc des arbres, sur les murs en ruine. Elles ne servent guère qu'à calfeutrer les habitations, à emballer, ou à remplacer le crin dans quelques usages. Mais, dans la nature, elles ont un rôle plus important : elles protègent le sol contre le froid, et, en se décomposant, forment de la terre végétale et quelquefois des tourbières.

5. Les fougères. — Les *fougères* sont des plantes bien connues dans nos forêts. Elles n'ont guère d'usages ; il en est un petit nombre qui sont employées en médecine.

6. Les algues. — Les *algues* sont des plantes qui vivent dans la mer, et auxquelles on donne aussi le nom de *varechs*, de *fucus*. Elles ont des formes très diverses et une longueur qui, variant avec la profondeur, peut atteindre jusqu'à 500 mètres. Elles sont tellement abondantes sur un certain point de l'Océan Atlantique, qu'elles y couvrent l'eau, et qu'on a donné à ces parages le nom de *mer des Sargasses*. On donne le nom de *conferves* aux algues d'eau douce. — Dans les pays du Nord, les algues servent à l'alimentation des hommes et des animaux. Sur certains rivages on récolte les varechs pour les utiliser comme engrais. Le crin d'Alger employé par les tapissiers n'est autre chose qu'un varech. Les algues servent à préparer l'iode[1], le brome, certains sels de potasse; enfin il en est dont on se sert en médecine.

Questionnaire.

1. Parlez des champignons. — Qu'est-ce que les champignons? — D'où vient l'amadou?

2. Parlez de la truffe. — Comment trouve-t-on les truffes?

3. Parlez du lichen.

4. — des mousses.

5. — des fougères.

6. — des algues. — A quoi servent les algues?

---

1. Voir notre *Petite Chimie*.

7.

CHAPITRE XVIII.

Les bois de construction : chêne, sapin, pin, hêtre, etc. — Les bois d'œuvre : noyer, acacia. — Les bois de chauffage.

1. Les arbres des forêts sont distingués en *arbres verts*, qui gardent toujours leurs feuilles, comme le pin, le sapin, etc., et en *arbres feuillus* qui les perdent chaque hiver, tels que le chêne, le hêtre, etc.

2. Leurs bois sont appliqués à divers usages, selon leur nature. — On emploie particulièrement comme *bois de construction* les plus durs et les plus résistants, tels que le chêne ; ceux qui sont droits, longs, résineux, et par suite susceptibles de résister à l'humidité, comme le pin, le sapin. — Les bois qui peuvent recevoir un beau poli, comme le noyer, ceux qui sont légers, flexibles, comme l'érable, le bouleau, sont utilisés comme *bois d'œuvre.* — Il en est qui sont plus particulièrement employés comme *bois de chauffage;* tels sont le hêtre, le charme, etc. Enfin on est parvenu à fabriquer du papier avec de la pâte de bois râpé. On emploie pour cet usage ou comme bois. de râperie le bouleau, le tremble, le pin, le sapin.

3. **Les bois de construction.** — Les bois les plus importants employés pour les constructions sont le *chêne*, le *sapin*, le *pin*, le *hêtre*, le *châtaignier*, le *marronnier*, l'*aune*, le *tilleul*, le *peuplier*, etc.

4. **Le chêne.** — On compte un grand nombre d'espèces de chênes.

Le *chêne commun*, le roi de nos forêts, peut s'élever jusqu'à trente mètres de hauteur; mais il pousse lentement, et il lui faut plusieurs siècles pour atteindre cette hauteur — La dureté, la solidité de son bois le rendent très utile dans les constructions et dans les arts. — Son écorce broyée forme le *tan*, qui sert à la préparation des cuirs.

La partie la plus extérieure de l'écorce du *chêne-liège*, arbre qui croît dans le midi de la France et en Algérie, fournit le *liège*, qui s'enlève par plaques, et que l'on taille en bouchons. Au bout de huit ou dix ans, il est reproduit, et l'on peut faire une nouvelle récolte.

La *noix de galle*, qui sert à la fabrication de l'encre et à la teinture en noir, est une excroissance produite par la piqûre d'un insecte sur les feuilles d'un petit chêne qui croît en Orient. Les *galles* de nos pays sont beaucoup moins estimées.

5. **Le sapin.** — Le *sapin* est le plus important des bois résineux. Sa tige est droite et s'élève quelquefois à plus de trente mètres. Il atteint son dernier degré d'accroissement au bout de quatre-vingts ans environ ; c'est le moment de l'abattre, sinon il se détériore. — Il est employé pour les constructions de tout genre, surtout pour la menuiserie, la charpenterie et la marine.

6. **Le pin.** — Le *pin* a beaucoup de ressemblance avec le sapin. — On en connaît un grand nombre d'espèces. — Ses fruits, comme ceux du sapin, sont formés d'écailles qui se recouvrent, et portent le nom de *cônes*, à cause de leur forme. — Le *pin maritime* s'élève à une hauteur de trente mètres et plus. C'est par sa culture que l'on est parvenu à fertiliser de grands espaces de terrain sablonneux qu'on appelle les *landes*. — Son bois et celui du *pin sau-*

vage sont employés aux mêmes usages que celui du sapin. — On retire du pin et du sapin les mêmes matières résineuses. C'est la *térébenthine* ou *galipot* qui suinte à travers les ouvertures faites à l'écorce de ce genre d'arbres.

Le *mélèze*, arbre résineux comme les précédents, a un bois plus souple et plus dur que celui du sapin.

Le *cèdre*, arbre magnifique de la même famille, commun en Orient, est malheureusement trop rare chez nous pour pouvoir y être utilisé.

7. Le hêtre. — Le *hêtre* est après le chêne le principal arbre de nos forêts; il peut s'élever au delà de vingt mètres. Son tronc est droit; son écorce unie, de couleur grisâtre. — Le bois du hêtre joint la solidité à la légèreté; il est généralement employé pour la menuiserie, la carrosserie et pour la fabrication des instruments d'agriculture, des sabots, des pelles, des écuelles. On en fait des traverses de chemin de fer après l'avoir injecté[1]. — Nous avons indiqué l'usage de ses fruits ou *faînes*.

1. Voir notre *Petite Chimie*, ch. XXVII.

8. Le châtaignier. — Le *châtaignier*, bel arbre qui croît dans presque toutes les forêts de l'Europe, peut atteindre une grosseur extraordinaire quand il est isolé. Aussi fournit-il de superbes poutres ; mais son bois est cassant. On en fait aussi des bardeaux, du merrain, des échalas. — Les prétendus *marrons de Lyon* ne sont autre chose que le fruit du châtaignier cultivé, lequel fait la nourriture presque exclusive des habitants de la Corrèze, de la Haute-Vienne, etc. — Les châtaignes sauvages sont petites, peu abondantes, et fades.

9. Le marronnier. — Le *marronnier* est un grand et bel arbre, garni d'un très beau feuillage, dont le bois est léger et spongieux. — Son fruit, semblable à la châtaigne, est très amer, ce qui ne permet pas de le manger. L'industrie a tenté d'utiliser la fécule qu'il contient.

10. L'aune. — L'*aune* est un arbre assez élevé, et qui croît dans les lieux humides. — Son bois blanc et tendre se conserve bien dans l'eau : aussi sert-il à faire des pilotis dans les rivières. Il sert aussi à chauffer les fours, à faire des échalas.

Les *saules* sont des arbres ou des arbrisseaux, qui ont un grand nombre d'espèces. — Quelques-unes sont très utiles en raison de leurs branches flexibles, avec lesquelles on fait des liens, des paniers, etc. Dans l'industrie, on les appelle *osier*.

11. Le tilleul. — Il y a deux variétés de *tilleul* : l'une sauvage, qui croît dans nos forêts, et peut acquérir une hauteur de quinze mètres et plus ; l'autre cultivée, qui orne nos promenades. — Le tilleul croît rapidement. — Son bois blanc et léger sert aux constructions et à la menuiserie. Son écorce sert à faire des liens, des nattes. — Ses fleurs sont employées en médecine.

12. Le peuplier. — Parmi les espèces qui croissent en Europe, le *peuplier blanc* est une des plus belles. Il s'élève en droite ligne à une très grande hauteur, et se plaît surtout au bord des eaux. — Son bois est blanchâtre, léger, peu solide ; on l'emploie à la sparterie. On en fait des planches minces ou de petits objets qui demandent de la légèr eté

Le *tremble* est une autre espèce voisine, employée aux mêmes usages.

13. Les bois d'œuvre. — La plupart des bois cités précédemment comme bois de construction sont aussi employés comme bois d'œuvre ; tels sont particulièrement le *chêne*, le *sapin*, le *châtaignier*, le *tilleul*, le *peuplier*. Mais il est encore d'autres espèces plus spécialement destinées à ce dernier usage ; ce sont : le *noyer*, l'*acacia*, le *frêne*, l'*orme*, le *charme*, l'*érable*, le *bouleau*, le *buis*, etc.

14. Le noyer. — Toutes les parties du *noyer* sont de quelque utilité. — Son bois et sa racine, d'une grande dureté, d'un grain fin, présentent de belles veines et sont recherchés pour les ouvrages d'ébénisterie, la monture des fusils. — Son écorce et l'enveloppe de son fruit, qu'on appelle *brou*, servent à la teinture en noir. — Ses feuilles sont utilisées en médecine. *L'amande*, ou la partie de la noix que l'on mange, contient une huile douce d'un goût agréable, siccative, c'est-à-dire se desséchant à l'air ; ce qui la fait employer dans la peinture.

15. Acacia. — L'*acacia* acclimaté en Europe est cultivé comme arbre d'ornement dans les jardins. Il est remarquable par la rapidité de sa croissance et la dureté de son bois, qui, s'il était plus répandu, lui assignerait des usages variés et plus nombreux.

16. Le frêne. — Le *frêne* est un des plus grands arbres de nos forêts. — Son bois blanc, très pliant, est très propre à la carrosserie, au charronnage, à la menuiserie.

L'*orme* croît rapidement, et atteint les plus grandes dimensions quand il est dans un terrain favorable. — Son bois dur, serré, d'un jaune tirant sur le rouge, est aussi recherché pour le charronnage.

17. Le charme. — Le *charme* est un bel arbre à écorce lisse, assez commun dans nos forêts. — On le cultive dans les jardins, où on le tond en berceaux ou en haies, auxquelles on peut faire prendre toutes sortes de formes. — Le bois de charme, blanc, très dur, est propre à la confection des outils, des objets de tourneur, des roues d'engrenage. Les ébénistes le colorent pour l'employer. C'est le meilleur bois de chauffage.

18. L'érable. — L'*érable* est l'un de nos plus grands arbres. On en connaît plusieurs espèces. — Le *grand érable*, qu'on nomme aussi *faux platane*, est un arbre de haute taille, dont le tronc droit sert à faire des planches. On fait aussi avec l'érable des meubles, des instruments de musique.

Il y a dans l'Amérique du Nord un érable à sucre qu'on exploite pour en extraire cette substance.

19. Le bouleau. — Le *bouleau*, propre aux contrées du Nord, croît dans les sols les plus arides. — Son bois, blanc et léger, est employé à faire des sabots, des allumettes. On fait des balais avec ses jeunes branches. Les habitants des régions polaires se servent de la seconde écorce pour recouvrir leurs huttes, construire des pirogues, faire des nattes, des cordages, etc.

20. Le buis. — Le *buis*, fréquemment employé comme bordure dans nos jardins, est un arbuste dont le bois compact sert à la gravure sur bois et à différents petits objets, boîtes, tabatières, etc.

Le *houx commun* est un arbrisseau dont les feuilles luisantes, coriaces, garnies d'épines, et qui résistent à l'hiver, permettent de faire d'excellentes haies. — Son bois dur et pesant s'emploie dans les ouvrages de tour et de marqueterie.

21. Les bois de chauffage. — Les espèces qui sont plus particulièrement employées au chauffage sont : le *chêne*, le *hêtre*, le *charme*, le *sapin* et le *bouleau;* ces deux derniers le sont spécialement pour le chauffage des fours, parce que, étant moins compacts que les autres, ils flambent plus vite. — C'est avec le bois de chauffage que l'on fait le *charbon de bois,* qui est d'autant plus dur et dégage d'autant plus de chaleur, qu'il provient d'un bois plus compact.

Questionnaire.

1. Comment distingue-t-on les arbres des forêts.

2. Comment peut-on classer les arbres, — les bois, d'après leurs divers usages?

3. Quels arbres fournissent principalement le bois de construction?

4. Parlez du chêne, — du chêne-liège.

5. — du sapin.

6. Parlez du pin, du mélèze, du cèdre.

7. — du hêtre.

8. — du châtaignier.

9. — du marronnier.

10. — de l'aune, du saule.

11. — du tilleul.

12. —du peuplier, du tremble.

13. Qu'appelle-t-on bois d'œuvre, et quels sont-ils?

14. Parlez du noyer.

15. — de l'acacia.

16. — du frêne, de l'orme.

17. — du charme.

18. — de l'érable.

19. — du bouleau.

20.—du buis, du houx.

21. Quels arbres donnent le bois de chauffage?

CHAPITRE XIX.

Arbres exotiques. — Palmiers. — Bananier.— Acajou. — Eucalyptus. — Bambou.

1. Il importe de connaître quelques arbres exotiques qu'on rencontre dans les pays chauds où se trouvent nos colonies. Voici les principaux d'entre eux.

2. **Les palmiers.** — Les *palmiers* sont remarquables par leur tige élancée, au sommet de laquelle se déploie un bouquet de feuilles longues et découpées, mélangées de tiges portant les fleurs et les fruits. On mange le bourgeon terminal de certains palmiers, entre autres de celui du *chou palmiste*. On extrait des fruits de plusieurs autres une huile appelée *huile de palme*. Enfin, en incisant l'écorce de certains palmiers, on obtient une liqueur nommée *vin de palmier*. Le bois des palmiers est employé à des charpentes; les feuilles de certaines espèces servent à fabriquer des nattes, des paniers, etc.

3. Le dattier. — L'espèce la plus utile à considérer pour nous, c'est le *dattier*, qu'on cultive en grand en Algérie, et dont les fruits entrent dans la nourriture des peuples de l'Orient. Les *dattes* forment, au sommet

Fig. 13. — Le cocotier commun.

de l'arbre de volumineuses grappes de six à dix kilogrammes, nommées *régimes*. Le dattier a une hauteur de douze à quinze mètres en moyenne et ne vit pas plus de soixante ans.

4. **Le cocotier.** — Le *cocotier* est un palmier qui ne croît que dans les climats les plus chauds de l'Afrique, de l'Asie et de l'Amérique méridionale. Le fruit qu'il produit, et qu'on nomme *noix de coco*, est volumineux et dur. Son amande seule est comestible et fournit l'huile ou beurre de coco. L'ébénisterie utilise son noyau.

5. **Le bananier.** — Le *bananier*, qu'on rencontre en Europe dans les serres de quelques jardins, n'a que de quatre à cinq mètres de hauteur; mais ses larges feuilles ont plus de deux mètres de longueur. C'est du milieu d'elles que s'élève la tige qui porte les fleurs et plus tard des fruits abondants et nourrissants. Ces fruits se nomment *bananes* et ont de quinze à trente centimètres de longueur.

6. **Acajou.** — L'*acajou* est un arbre qui croît principalement dans l'Amérique du Sud, et dont le bois, d'un rouge veiné, noir-

cissant à l'air, se débite en plaques employées à la fabrication des meubles.

On ne connaît pas bien l'arbre qui fournit le **palissandre**, bois odorant, d'un brun très foncé, qui vient de l'Afrique et de l'Amérique du Sud. Le bois d'*ébène*, remarquable par sa couleur noire et son grain très serré, vient des mêmes contrées. Ces deux derniers bois sont employés aux meubles de luxe.

7. **Eucalyptus.** — L'*eucalyptus* est le plus grand des arbres : il peut dépasser cent vingt mètres de hauteur. Il est aussi celui dont la croissance est la plus rapide, et c'est pour cette raison qu'on le plante dans les lieux marécageux, pour les assainir. On le cultive en Algérie, et l'on utilise son bois pour la charpente, ses feuilles et ses fleurs pour la médecine.

8. **Bambou.** — Le *bambou* appartient à la famille des graminées ; mais sa taille, qui peut s'élever à vingt mètres, permet de le ranger parmi les arbres. Il vient dans l'Inde et en Cochinchine. Ses tiges, nombreuses, très solides, sont employées, suivant leur grosseur, à des usages très variés, depuis les constructions jusqu'aux cannes, manches

de parapluie. Avec sou écorce, on tresse des nattes, des paniers élégants.

Questionnaire.

1. Quels sont les principaux arbres exotiques?

2. Parlez des palmiers. — Quels produits fournissent-ils?

3. Qu'est-ce que le dattier? — A quoi est-il utile?

4. Parlez du cocotier. — Que fournit-il?

5. Qu'est-ce que le bananier?

6. Parlez de l'acajou, — du palissandre, — de l'ébène.

7. Parlez de l'eucalyptus.

8. Parlez du bambou.

CHAPITRE XX.

Les plantes médicinales : plantes adoucissantes, plantes calmantes, espèces diverses, espèces exotiques. — Les plantes vénéneuses. — Les plantes d'agrément.

1. Les plantes médicinales. — Les *plantes médicinales* sont celles qui sont utiles contre nos maladies. Il y en a un grand nombre; beaucoup sont exotiques. Nous parlerons ici de celles qui croissent dans nos jardins ou dans nos champs, et auxquelles on peut avoir recours sans inconvénient dans la médecine domestique, ou dans les premiers secours à donner aux malades.

2. Plantes adoucissantes. — Parmi les espèces douées de propriétés adoucissantes ou rafraîchissantes, on peut citer : la *mauve*, la *guimauve*, la *violette*, le *bouillon blanc*, le *chiendent*, l'*orge*, etc.

On distingue deux espèces de *mauves :* la *petite* et la *grande*. On fait des infusions avec leurs fleurs, bleues dans la première, roses dans la seconde. Leurs feuilles s'emploient à l'extérieur. — Dans la *guimauve* on n'utilise que la racine, qui est longue et blanche.

La *violette* a aussi son genre d'utilité. L'eau bouillante, jetée sur ses fleurs, fait une boisson adoucissante, souvent employée dans les maladies de poitrine. — On emploie au même usage les fleurs du *bouillon blanc*, qui est remarquable par ses fleurs jaunes rangées en épi au bout d'une tige élancée, portant de grandes feuilles cotonneuses.

La racine du *chiendent* fournit, quand on

la fait bouillir dans l'eau, une tisane rafraîchissante.

On associe fréquemment à ces diverses boissons la *réglisse*, plante herbacée, cultivée dans le Midi pour sa racine, qui possède une saveur douce et sucrée, et qui sert aussi à préparer le suc ou *jus de réglisse*.

L'eau dans laquelle a bouilli la graine de *lin* est aussi très adoucissante, et la farine de cette graine, délayée dans l'eau chaude, forme un excellent cataplasme à appliquer sur les parties du corps où l'on souffre.

3. Plantes calmantes. — Parmi les plantes calmantes, nommons plus particulièrement le *pavot* et la *laitue*.

Le *pavot* est une plante herbacée, que l'on cultive pour ses grandes et belles fleurs ornées de couleurs variées, et pour le suc calmant que contient l'écorce de ses fruits ou capsules. Il y en a un grand nombre d'espèces. — L'eau dans laquelle on a fait bouillir des têtes de pavot est un remède plus actif qu'on ne le pense : il ne faut donc l'employer qu'à l'extérieur du corps.

L'opium, ce médicament qui a la propriété de provoquer le sommeil, n'est autre chose que le suc du pavot blanc, cultivé en Orient, qu'on obtient en incisant les capsules.

4. Espèces diverses. — Les autres plantes le plus communément employées dans la médecine domestique, à divers titres, sont : la *camomille*, le *tilleul*, le *sureau*, la *bourrache*, l'*absinthe*.

On connaît plusieurs espèces de *camomilles* ; leurs fleurs, semblables à celles de la marguerite, douées d'une odeur généralement agréable, d'un goût amer, servent à préparer une tisane salutaire.— On peut en dire autant des fleurs du *tilleul*, des fleurs et des feuilles de l'*oranger*, de la *mélissé*, de la *petite centaurée*.

Le *sureau* est un arbrisseau fort commun dans les haies. Ses fleurs sont petites, blanches, d'odeur assez agréable : on les emploie en infusion comme les précédentes. — La *bourrache* est une petite plante poilue, à fleurs bleues, qui a le même usage.

La *sauge*, l'*arnica*, sont fréquemment employées à l'extérieur dans les contusions, les plaies, etc., comme fomentations ; la *fumeterre*, la *douce-amère*, les *cónes de houblon*, en tisanes pour purifier le sang. —

Avec la *menthe poivrée* on fait des pastilles ou des infusions usitées dans certains dérangements d'estomac, etc. ; — avec l'*absinthe*, plusieurs préparations médicinales et une liqueur réputée stomachique, mais très pernicieuse à la santé.

5. **Espèces exotiques.** — Nous n'avons parlé dans ce qui précède que des plantes qui croissent dans notre pays ; mais il est parmi les *plantes exotiques* ou *étrangères* des remèdes d'une extrême puissance. Tel est en première ligne le *quinquina*, arbre d'Amérique dont l'écorce renferme des substances douées d'une merveilleuse efficacité contre la fièvre. Tels sont : la racine de l'*ipécacuanha*, qu'on emploie pour faire vomir ; l'huile du *ricin*, le suc de l'*aloès*, la feuille du *séné* et la racine de la *rhubarbe*, qui servent pour purger.

6. **Les plantes vénéneuses.** — Il est, parmi les plantes médicinales, d'autres espèces qu'il serait très dangereux de porter à la bouche, parce qu'elles contiennent des remèdes violents ou des poisons. Telle est la *petite ciguë*, qui croît naturellement dans les jardins, et qui a quelquefois été prise pour du

persil[1]. Telles sont la *digitale*, la *belladone*, la *jusquiame*, la *stramoine* et quantité d'autres plantes employées, à très petites doses, comme remèdes. Telles sont même beaucoup de plantes, qui sont communes dans les prairies, comme les *renoncules*, le *colchique d'automne;* ou que l'on cultive dans les jardins, comme les *anémones*, les *narcisses*, les *hellébores*, le *pied-d'alouette*, l'*aconit*, etc.

Il faut donc, en général, se tenir en garde contre les espèces dont on ne connaît pas très bien les propriétés. Toutefois, il est une plante vénéneuse à laquelle nous devons une mention spéciale, parce qu'elle est entre les mains de tout le monde, nous voulons parler du tabac.

7. Le *tabac* est une plante annuelle dont les feuilles principalement répandent une odeur désagréable, mais qui devient piquante et agréable quand elles ont fermenté pendant quelques jours. — Il y a

1. Voyez notre *Petite Hygiène* sur les moyens de les distinguer, et sur les premiers secours à donner dans les empoisonnements.

différentes manières de les préparer. On en fait usage en poudre que l'on prise, ou en feuilles séchées et préparées que l'on fume[1]. — Cette plante nous vient de l'Amérique ; elle se cultive avec succès en Europe. Les tabacs les plus estimés viennent de l'Asie Mineure et de la Havane.

8. Les plantes d'agrément. — Les *plantes d'agrément* ou *d'ornement* sont celles que l'on cultive dans les jardins, soit pour en orner les parterres, soit comme *bordures*, comme *haies*, comme *plantes grimpantes* propres à tapisser les murs, comme *plantes d'ornement* pour les massifs, les bosquets, etc.

9. Parmi les plantes de parterre, les *violettes* et les *pensées*, les *narcisses* et les *jacinthes*, les *iris* et les *giroflées* font l'ornement du printemps ; les *roses*, les *géraniums*, les *tulipes*, les *œillets*, les *lis*, la *balsamine*, les *roses tremières*, etc., fleurissent en été ; les *reines-marguerites*, les *dahlias*, les *ané-*

____

1. Voyez notre *Petite Hygiène* pour les inconvénients qui résultent du tabac fumé avec excès.

mones, le *réséda*, les *pivoines*, les *renoncules*, viennent en automne. — Il est des
plantes, comme les *camélias*, les *fuchsias*,
les *myrtes*, les *grenadiers*, les *orangers*, les
plantes grasses . etc., que l'on ne cultive
qu'en pots ou dans des serres.

10. Citons, parmi les espèces spécialement employées comme bordures, le *buis*,
le *fraisier*, la *lavande*, l'*argentine* ; —
comme haies, la *ronce*, l'*aubépine*, l'*églan-
tier*, etc.; — comme plantes grimpantes :
le *chèvrefeuille*, la *clématite*, le *jasmin*,
l'*aristoloche*, le *lierre*, la *vigne vierge*, la
glycine, etc.

11. Parmi les arbustes et les arbres com-
posant les massifs ou les bosquets, citons
le *cytise*, le *lilas*, le *seringat*, le *laurier*, le
genévrier, l'*if*, le *thuya*, le *cyprès*, le *ca-
talpa*, le *magnolier*, le *paulownia*, etc., et
plusieurs arbres qui font également l'ornement des bois ou de nos routes : le *peuplier*,
l'*érable*, le *platane*, le *frêne*, le *tulipier*,
le *sycomore*, etc.

12. Enfin, il est parmi les plantes des
champs ou des bois beaucoup d'espèces susceptibles de faire en même temps l'ornement

de nos jardins ; tels sont les *bruyères*, les *marguerites*, la *pervenche*, le *muguet*, les *primevères*, et tant d'autres dont le Créateur a composé le splendide vêtement de la terre.

Questionnaire.

1. Parlez des plantes médicinales.

2. Quelles sont les plantes adoucissantes? — Parlez de la mauve, de la guimauve, de la violette, du bouillon blanc, etc.

3. Quelles sont les plantes calmantes? — — Parlez du pavot, de l'opium, etc.

4. Quelles autres plantes sont encore employées à divers titres? — Parlez de la camomille, du sureau, de la bourrache, etc.

5. Quelles sont les plantes médicinales exotiques?

6. Quelles sont les plantes vénéneuses?

7. Parlez du tabac.

8. Quelles sont les différentes plantes d'agrément?

9. En quelle saison fleurissent les plantes de parterre?

10. Citez les espèces qu'on emploie en bordures, en haies, comme plantes grimpantes.

11. Parlez des arbustes et des arbres employés à l'ornement des jardins.

12. Citez les plantes des champs et des bois qui peuvent aussi orner les parterres.

TROISIÈME PARTIE.

LE RÈGNE ANIMAL.

CHAPITRE XXI.

Classification du règne animal. — Les mammifères ; leurs caractères généraux ; leur utilité. — L'homme. — Les races humaines. — — Les commencements de l'homme.

1. Un des spectacles les plus merveilleux que nous offre l'univers, c'est celui de cette grande chaîne d'êtres, partant de l'invisible animal qui nage dans une goutte d'eau pour s'élever jusqu'à l'homme, ce chef-d'œuvre de la création. Quelle étonnante variété de conformations et d'instincts ! Avec quelle prévoyance l'Auteur de la nature a su départir à chaque animal les moyens de pourvoir à ses besoins !

2. Classification du règne animal. — Il y a de si grandes différences entre les animaux qu'il ne nous arrive jamais de confondre un oiseau avec un poisson, un insecte avec un quadrupède. C'est en raison même de ces différences, et aussi pour établir de l'ordre et de la clarté dans l'étude des innombrables tribus animales qui peuplent la terre, l'air et les eaux, qu'on les a distribuées en plusieurs classes. — On peut en reconnaître neuf; ce sont, en allant des animaux les plus parfaits à ceux qui le sont le moins : les *mammifères*, les *oiseaux*, les *reptiles*, les *poissons*, les *insectes*, les *crustacés*, les *vers*, les *mollusques* et les *zoophytes*.

3. Les mammifères. — Les *mammifères* sont les animaux qui mettent au monde leurs petits vivants, et qui les nourrissent de leur lait. — La plupart sont *quadrupèdes* ou à quatre pieds. Leur corps, revêtu de poils, de crins, de piquants ou d'écailles, varie beaucoup de volume depuis l'extrême petitesse, comme la souris, jusqu'à l'extrême grosseur, comme l'éléphant. — On appelle *carnivores* ceux qui se nourrissent de chair; *herbivores* ceux qui se nourrissent d'herbes. Parmi ces derniers sont les *ruminants*, chez lesquels les aliments, après avoir séjourné dans l'estomac, reviennent dans la bouche pour être remâchés.

4. C'est dans la classe des mammifères que l'on trouve les animaux les plus utiles à l'homme. Les uns servent à notre alimentation ; les autres sont employés aux transports ou à d'autres travaux ; plusieurs nous fournissent des matières utilisées dans les arts et l'industrie ; enfin quelques espèces sauvages méritent de fixer notre attention. Tels sont les différents points de vue sous lesquels nous allons les étudier.

5. **L'homme.** — Parlons d'abord de l'*homme*, qui marche à la tête des mammifères. — C'est avec les mammifères, en effet, que l'homme a le plus de ressemblance. Mais le Créateur, en lui donnant, avec une âme immortelle, la raison, la parole, la connaissance du bien et du mal, l'a mis à une distance infinie de la brute et l'a élevé au-dessus de tous les êtres créés. — Sous le rapport même de la conformation de son corps, l'homme présente de grandes

différences avec les autres mammifères :
c'est le seul qui se tienne et qui marche
constamment debout, ce qui lui laisse le
libre usage de ses mains.

6. Les races humaines. — On compte dans
l'espèce humaine plusieurs *variétés* ou *races,*
qui diffèrent principalement par la couleur
de la peau et par la forme du visage. —
Elles habitent différentes parties du globe.
— Les trois races principales sont : la *race
blanche,* la *race jaune,* la *race noire.*

7. La race blanche. — La *race blanche* ou

Fig. 14.

caucasique (ainsi nommée des monts Cau-
case en Asie, d'où elle est originaire) com-

8.

prend les *Européens*, les *Tartares*, les *Hindous*, les *Arabes*, etc. — Elle est caractérisée par un teint plus ou moins blanc, un visage ovale, un nez allongé, des cheveux longs et flexibles, variant du blond au noir.

8. La race jaune. — La *race jaune* ou *mongolique*, originaire des parties orientales de l'Asie, comprend les *Chinois*, les *Mongols*, les *Kalmouks*, etc. Elle offre pour

Fig. 15.

caractères : un teint jaune, un front plat, le nez petit, les joues saillantes, de grosses lèvres, des yeux peu ouverts et relevés en dehors, des cheveux rares, durs et noirs.

9. La race noire. — La *race noire* ou *éthio-pique*, originaire d'Afrique, a le teint noir, les cheveux crépus, semblables à la laine, les mâchoires allongées, le nez écrasé, les lèvres grosses ; tels sont les *nègres* des côtes d'Afrique.

Fig. 16.

Ces différences dans les traits du visage n'empêchent pas que tous les hommes, descendus du même père, ne soient de la même famille, tous libres et égaux devant Dieu.

10. Les commencements de l'homme. — L'enfant en naissant a le plus communé-ment cinquante centimètres de long ; il pèse de deux à quatre kilogrammes. — Dans les premiers jours il ne voit ni n'entend. — A six ou sept mois, plus tôt ou plus tard, commencent à pousser ses premières dents ou dents de lait, qui tomberont à l'âge de six ou sept ans pour être remplacées par d'autres plus fortes, au nombre de vingt-huit, auxquelles s'ajouteront plus tard quatre autre dents, dites de *sagesse*.

Tandis que la plupart des animaux peuvent, peu de temps après leur naissance, aller à la recherche de leur nourriture, l'homme, né le plus faible de tous, ne peut se soutenir sur ses jambes qu'à l'âge de douze à dix-huit mois, et ne parle ordinairement qu'à deux ans. — Le Créateur, en nous laissant pendant longtemps dans l'impuissance de nous passer des secours de nos semblables, nous a suffisamment prouvé qu'il veut que nous vivions en société, et que nous nous aidions les uns les autres.

11. La taille de l'homme est, terme moyen, en France, de 1^m,65. Elle peut atteindre et même dépasser 1^m,80. — On appelle *nains* les individus qui restent très

petits : l'un d'eux, mort à trente-sept ans, n'avait que 80 centimètres.

Questionnaire.

1. Quel spectacle nous offre le règne animal?

2. D'où vient la nécessité de le classer? — Combien peut-on y reconnaître de classes?

3. Qu'appelle-t-on mammifères?

4. De quelle utilité sont-ils à l'homme?

5. Quels sont les attributs particulièrement propres à l'homme?

6. Existe-t-il différentes races d'hommes?

7. Quels sont les caractères de la race blanche?

8. — de la race jaune?

9. — de la race noire? — Les différentes races établissent-elles une démarcation entre les hommes?

10. Parlez des commencements de l'homme.

11. Quelle est la taille de l'homme? — Qu'appelle-t-on nains?

CHAPITRE XXII.

Suite de l'homme. — Des parties constituantes du corps humain. — Les os, le squelette. — Les chairs, les muscles, les viscères.

1. Le corps humain est composé de parties dures, ce sont les *os* ; de parties molles,

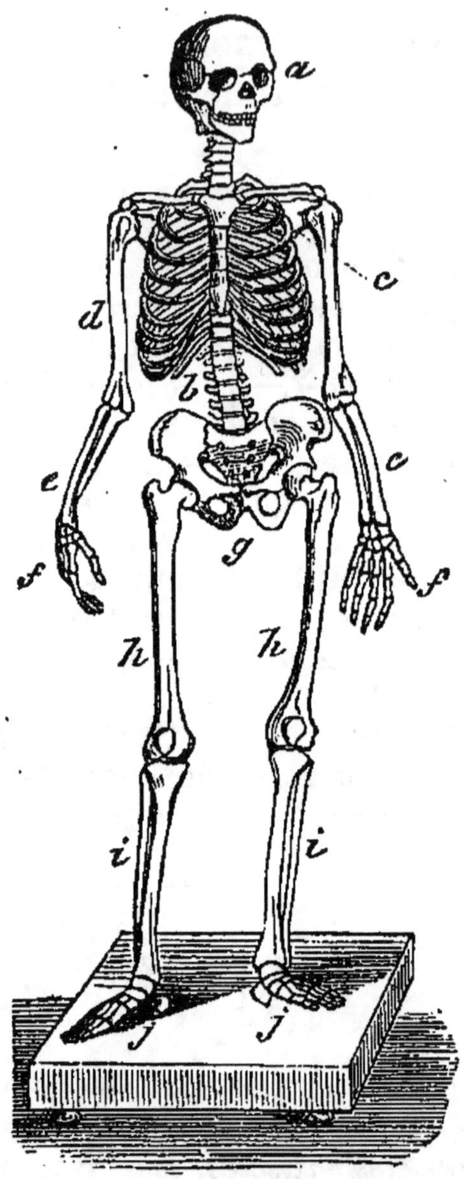

Fig. 17. — Squelette humain.

a, le crâne et la face. — *b*. la colonne vertébrale. — *c*, l'os de l'épaule. — *d*, l'os du bras. — *e, e*, les os de l'avant-bras. — *f, f*, les os de la main. — *g*, les os du bassin. — *h, h*, l'os de la cuisse. — *i, i*, les os de la jambe. — *j, j*, les os du pied.

ce sont les *chairs;* de parties liquides, telles que le *sang,* la *bile,* etc.

2. Les os, le squelette. — Les *os* soutiennent les parties molles, et protègent divers organes importants.

La réunion des os forme le *squelette,* dans lequel on distingue : les *os de la tête,* crâne et face ; — les *os du tronc,* colonne vertébrale ou échine, côtes et bassin ; — les *os des membres,* qui se distinguent en *membres supérieurs,* épaule, bras, avant-bras, main ; et en *membres inférieurs,* cuisse, jambe, pied.

3. Les os s'emboîtent ou s'engrènent entre eux par les *articulations* ou *jointures.* Des espèces de cordons, appelés *ligaments,* les maintiennent en place.

4. Les chairs. — Les *chairs* ou parties molles sont très diverses dans leur structure. Elles se présentent tantôt sous la forme de *muscles,* tantôt sous la forme de substances spongieuses ou de toiles charnues, et qui, par leur combinaison, constituent les *viscères.*

5. Les muscles. — Les *muscles* sont ces masses de chair rouge qui recouvrent les os[1]. — Ce sont les muscles qui, en se contractant, déplacent les os des membres dans la direction que nous voulons leur donner.

6. **Les viscères.** — Les *viscères* ou organes internes sont situés dans la tête, la poitrine et le ventre.

Les *viscères de la tête* sont le *cerveau* et le *cervelet*, contenus dans le crâne, et auxquels se rattache la *moelle épinière*, qui en sort, et qui remplit le canal ou étui formé par la colonne vertébrale.

7. C'est aussi dans la tête que sont situés les *sens* ou les instruments destinés à nous faire voir, entendre, goûter, sentir, toucher. — Ils sont au nombre de cinq ; ce sont : le sens de la *vue* ou l'*œil*, qui nous fait voir ; — le sens de l'*ouïe* ou l'*oreille*, qui nous fait entendre ; — le sens du *goût* ou la *langue*, pour goûter ; — le sens de l'*odorat* situé dans le *nez*, et qui sert à sentir ou flairer les odeurs ; — quant au sens du *toucher*, quoique répandu dans toute la peau, il réside principalement dans la *main*.

---

1. C'est ce que l'on mange, sous le nom de *viande*, dans le bœuf, le mouton, etc.

8. Les *viscères de la poitrine* sont le *cœur* et les *poumons*. — Le *cœur* est une poche musculeuse, de la grosseur du poing, située entre les deux poumons, et qui chasse le *sang* dans toutes les parties du corps, au moyen de petits canaux ou tuyaux qu'on nomme les *artères*. — On ne voit pas les artères sous la peau, mais on les sent battre. C'est ce battement qu'on appelle le *pouls*. — Une partie du sang conduit dans le corps par les artères s'y change en chair ; une autre partie revient au cœur par d'autres canaux semblables, qu'on appelle les *veines*, et qui ne battent pas comme les artères.

9. Les *poumons*, au nombre de deux, remplissent la poitrine. C'est ce qu'on appelle le *mou* chez les animaux. — Ils communiquent avec le dehors au moyen de petits tubes ou canaux, qu'on appelle la *trachée-artère* et les *bronches*. — L'air qu'on respire ainsi, porté dans l'intérieur des poumons, sert à revivifier le sang qu'y lance le cœur, et qui revient ensuite à cet organe pour être distribué dans toutes les parties du corps.

10. Les *viscères du ventre* sont le *tube digestif*, et quelques organes qui en dépen-

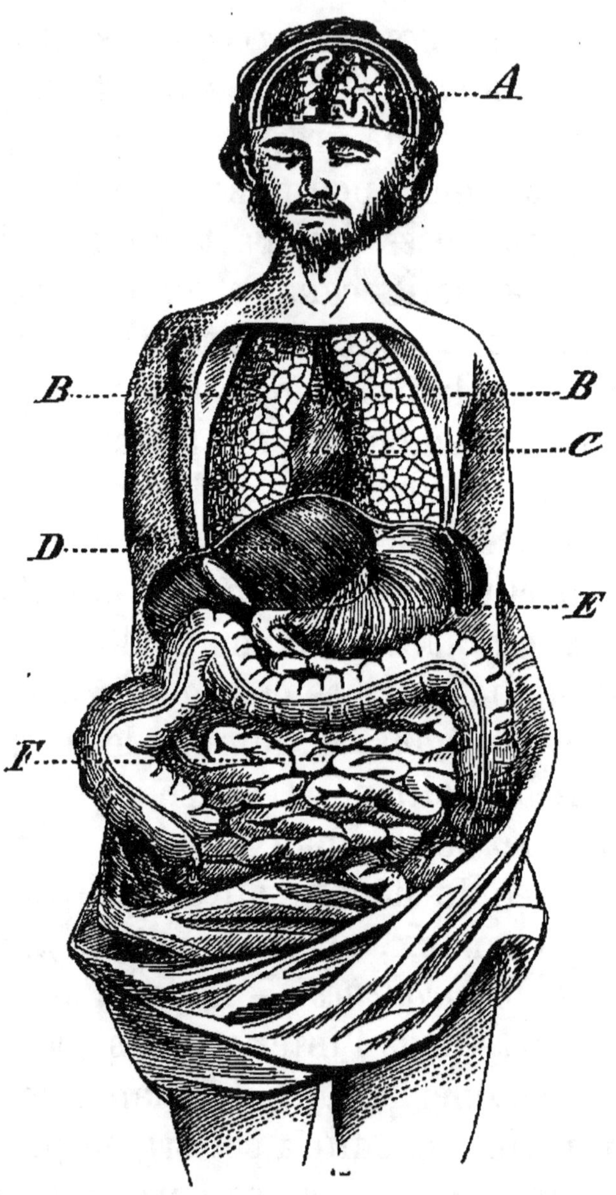

Fig. 18. — Viscères contenus dans les trois cavités ouvertes. A, le cerveau. — C, le cœur. — B, B, les poumons. — E, l'estomac. — D, le foie. — F, les intestins (sortis du ventre, pour faire mieux voir leur structure).

9.

dent. — Le *tube digestif* comprend l'*estomac* et les *intestins*. — L'*estomac* est une espèce de poche qui a la forme d'une cornemuse, et où les aliments arrivent par un conduit qui aboutit dans le gosier. — Les *intestins* sont formés d'un long tube replié un grand nombre de fois sur lui-même, et remplissant le ventre. C'est ce qu'on appelle les *boyaux* chez les animaux. — C'est dans l'estomac et dans les intestins que nos aliments se changent en un suc blanc nommé *chyle*. Ce suc doit reformer du sang nouveau pour remplacer les parties usées du corps.

11. Les autres organes contenus dans le ventre sont : le *foie*, situé à droite, et qui a pour fonction de fabriquer la *bile ;* — la *rate*, autre glande située à gauche ; — les *reins*, qu'on appelle *rognons* chez les animaux, servent à séparer du sang les matières impropres à l'entretien du corps : ces matières, en dissolution dans l'urine, coulent dans une poche située dans le bas-ventre, et qu'on nomme *vessie*.

12. Combien d'utiles réflexions l'étude du corps humain ne doit-elle pas faire naître en nous ! Où trouverait-on des preuves plus

évidentes de l'existence d'un Dieu souverainement intelligent? Dans quelle œuvre de la nature ou de l'art voit-on éclater plus de prévoyance, réunir plus de merveilles ? — Quels admirables instruments que ces sens! Quel mécanisme merveilleux que celui de cet œil, au fond duquel vient se peindre sur un espace de quelques millimètres le vaste tableau de l'univers! — Quel merveilleux artifice que celui de ces vaisseaux portant, en quelques secondes, dans toutes les parties du corps des ruisseaux de sang; et parmi tous les miracles en est-il un plus grand que celui de la conversion continuelle de ce sang en nos différents organes!

Questionnaire.

1. De quoi se compose le corps humain?

2. A quoi servent les os? — Qu'est-ce que le squelette? — Qu'y distingue-t-on?

3. Comment les os s'unissent-ils entre eux?

4. Sous quel aspect se présentent les chairs?

5. Qu'appelle-t-on muscles?

6. Où sont situés les viscères? — Quels sont les viscères de la tête?

7. Où sont logés les sens?

8. — Quels sont les viscères contenus dans la poitrine? — Qu'est-

ce que le cœur? — Quelles en sont les fonctions?

9. Qu'est-ce que les poumons? — Que se passe-t-il dans les poumons?

10. Quels sont les viscères du ventre? —

Qu'est-ce que l'estomac, les intestins? — Quelles en sont les fonctions?

11. Qu'est-ce que le foie, la rate, les reins?

12. Quelles réflexions fait naître l'étude du corps humain?

CHAPITRE XXIII.

Suite des mammifères. — Bétail : le bœuf, la vache, le mouton, la brebis, etc. — Gibier : le lièvre, le lapin, le cerf, le chevreuil, etc.

1. Bétail. — Divisant ici les mammifères d'après l'utilité que nous en retirons, nous parlerons d'abord du *bétail*, c'est-à-dire des animaux soumis à la domesticité et élevés dans la ferme.

2. Le bœuf, la vache. — Le *bœuf*, utile au cultivateur comme bête de trait pendant sa vie, l'est encore après sa mort. On le laisse reposer le temps nécessaire pour l'engraisser, puis on le livre au boucher. Sa chair est saine et nourrissante. Ses os, ses tendons, ses pieds fournissent une matière nommée *gélatine*. — La peau du bœuf sert à fabriquer le cuir le plus fort. Les cornes sont employées par les tabletiers pour faire des peignes, etc. — Son sang sert à la clarification du sucre, à la fabrication du bleu de Prusse. — Enfin n'oublions pas le plus précieux des services que nous rend sa femelle, la *vache*, celui de nous fournir le lait, la crème, le fromage et le beurre.

3. **Le mouton, la brebis.** — Le *mouton* ou *bélier* a pour femelle la *brebis*. Les béliers et les brebis se nomment *agneaux* quand ils sont jeunes. Ce sont des animaux peu intelligents. — On les élève en troupeaux pour en avoir la laine, que l'on tond tous les ans, et qui sert à fabriquer le drap et un grand nombre d'étoffes. — On mange surtout la chair du mouton. — Leur graisse, sous le nom de *suif*, sert à faire des chandelles. — On fabrique des cordes à boyaux avec leurs intestins roulés et desséchés. Avec leur peau on fabrique un cuir léger, la *basane*.

On en connaît plusieurs races distinctes, dont les unes ont des cornes, tandis que les autres en sont privées ; généralement, les mâles seuls en possèdent. — Les moutons à laine très fine sont nommés *mérinos*. On fabrique avec leur toison les étoffes fines connues sous le nom de *cachemires*. Cette espèce de moutons, originaire des pays chauds a été acclimatée en France, où l'on est parvenu à rivaliser avec les beaux tissus d'Asie.

4. La chèvre. — La *chèvre* a pour mâle le *bouc*, dont l'odeur est si désagréable. — Cet animal, connu par sa vivacité, préfère le séjour des montagnes, où on le voit sauter adroitement dans les lieux les plus escarpés. — On l'élève en domesticité, principalement pour avoir son lait qui est très gras, et qui sert à faire des fromages. — La peau de cet animal, mince et solide, se tanne pour la confection des souliers de femme, du maroquin. — Certaines espèces de chèvres ont un poil soyeux et très long, avec lequel on fabrique diverses étoffes.

5. Le cochon. — Le *cochon domestique* ou *porc* descend du sanglier. — Cet animal, connu par sa gloutonnerie qui lui fait trouver bonne toute sorte de nourriture, a le museau ou *groin* terminé par un *boutoir*, qui lui sert pour ainsi dire de main. — Le mâle s'appelle *verrat ;* la femelle, *truie.* — L'épaisse couche de graisse ou de lard qui l'enveloppe le rend d'une grande utilité pour notre alimentation.

6. **Gibier.** — On désigne sous le nom de *gibier* les espèces sauvages que l'on poursuit à la chasse pour s'en nourrir.

7. **Le lièvre.** — Le *lièvre* est commun dans nos plaines, où il pratique à la surface du sol un creux qu'on nomme son *gîte.* — Ses petits ou *levrauts* se dispersent au bout de vingt jours pour vivre seuls. — Couché pendant le jour, le lièvre ne mange et ne prend ses ébats que pendant la nuit. — Son poil sert à faire du feutre pour chapeaux.

8. **Le lapin.** — Le *lapin* vit dans les bois, où il se creuse des terriers. On l'élève en domesticité. — Sa chair se mange comme celle du lièvre, son poil sert dans la chapellerie.

9. **Le cerf.** — Le *cerf*, joli quadrupède, est surtout remarquable par les bois dont sa tête est garnie. Leur nombre et leur direction indiquent l'espèce et l'âge de l'animal. Les bois du cerf tombent au printemps, et, reparaissant aussitôt, sont refaits en août.

— Sa femelle, la *biche*, n'a pas de bois. Ses petits se nomment *faons*. — La chair du cerf est fort bonne à manger. Ses bois sont employés dans la coutellerie.

10. Le chevreuil. — Le *chevreuil*, plus petit que le cerf, a la tête ornée d'un bois beaucoup moins grand, et qu'il refait tous les ans. — Les chevreuils habitent aussi nos forêts, mais ne marchent pas comme les cerfs par grandes troupes. — La femelle du chevreuil s'appelle *chevrette* ; ses petits se nomment *faons*. — Sa chair a un goût excellent.

11. Le chamois. — Le *chamois* ressemble au chevreuil pour la forme du corps. Il est à peu près de la grosseur et de la taille d'une chèvre de grande taille. — Le ventre, le front et le commencement de la gorge sont blancs ; le reste du corps est noirâtre. — Le mâle et la femelle portent deux cornes recourbées en crochet, qui ne tombent jamais et croissent chaque année d'un anneau. — Cet animal habite les hautes montagnes dans les parties tempérées de l'Europe. L'agilité avec laquelle il évite les poursuites des chasseurs, à travers les rochers les plus escarpés, rend sa chasse très périlleuse. — On le poursuit pour sa chair, et principalement pour sa peau, qui, lorsqu'elle a été soumise à une préparation nommée *chamoisage*, est très souple et s'étend facilement. On en fait des gants et des culottes.

12. Le sanglier. — Le *sanglier*, plus gros que notre cochon domestique, d'un brun noirâtre, a deux dents allongées et recourbées hors de la gueule en redoutables défenses. — Sa femelle, la *laie*, a ordinairement de quatre à dix petits ou *marcassins*. — Ces animaux occasionnent souvent de grands dégâts dans les cultures. Leur chasse est dangereuse.

Questionnaire.

1. Qu'est-ce que le bétail ?

2. Parlez du bœuf et de la vache, et de leur utilité pendant leur vie et après leur mort.

3. Parlez du mouton, de la brebis.

4. — de la chèvre.

5. — du cochon.

6. Qu'est-ce que le gibier?

7. Parlez du lièvre.

8. — du lapin.

9. — du cerf, de la biche.

10. — du chevreuil.

11. — du chamois et de l'usage qu'on fait de sa peau.

12. — du sanglier.

CHAPITRE XXIV.

Suite des mammifères. — Espèces auxiliaires : le cheval, l'âne, le renne, le chameau, l'éléphant. — Le chien. — Le chat.

1. Espèces auxiliaires. — Nous rangerons dans ce groupe les animaux qui nous sont utiles pour les transports ou à d'autres titres divers.

2. Le cheval. — Chaque pays a ses races de chevaux, qu'on élève selon les besoins des habitants. — Les meilleurs chevaux de selle sont les chevaux arabes et anglais, renommés pour leur vitesse à la course ; en France, ceux du Limousin, et pour la grosse cavalerie, ceux de Normandie. Pour le carrosse, on préfère les chevaux hollandais et belges ; pour le trait, ceux de la Suisse, etc. L'Allemagne fournit aussi d'excellentes races de chevaux. — Un cheval fort peut traîner 2 500 kilogrammes et plus.

Ce quadrupède possède une vue excellente, et peut distinguer les objets de nuit. Son oreille est extrêmement délicate. Son cri s'appelle *hennissement* ; la corne de son pied, *sabot*. Les *barres* sont l'espace, dépourvu de dents, où l'on place le mors. — Les dents de devant ou *incisives* présentent un creux qui disparaît successivement jusqu'à onze ou douze ans : on dit alors que le cheval ne marque plus.

Dans un cheval bien conformé, la tête doit être plus sèche que charnue, les oreilles petites et droites, les yeux vifs et transparents. Il faut que l'encolure (le cou ou la partie qui porte la crinière) ne soit ni trop longue ni trop ramassée, le poitrail large. — Le cheval bas sur les jambes de devant les détache difficilement du sol ; si, au contraire, il est trop haut sur son devant, il se cabre volontiers, trotte sous lui. Le genou doit être maigre et souple, le jarret sec. Pour bien marcher, l'animal doit poser le pied à plat.

Le cuir du cheval, quand il est tanné, est très souple et sert à faire des harnais, etc. — Sa chair, quoique peu usitée, n'est pas moins saine que celle du bœuf. — La nourriture du cheval, dans les contrées tempérées, consiste essentiellement en avoine, foin et paille.

3. L'âne. — Cet animal, qui est extrêmement sobre, se contente de la plus vile nourriture, les chardons, les ronces, etc. Il est attaché à son maître et est très patient. — On lui reproche de l'entêtement, mais il ne mérite pas le mépris dont il est l'objet. — C'est dans les pays chauds que l'on voit les plus beaux ânes. — *L'ânesse* est presque toujours plus belle ; elle est recherchée pour le lait qu'elle fournit aux malades. — L'âne est particulièrement employé comme bête de somme et de trait.

La peau de l'âne, très dure et très élastique, sert à faire des tambours, des cribles, des tamis. — On en fait aussi, en Orient, ce qu'on appelle la peau de *chagrin*, qui sert à garnir les étuis, à faire des reliures fines.

Dans les pays de montagnes on se sert de préférence de *mulets* ou *mules*, espèce bâtarde provenant de la jument et de l'âne, ou du cheval et de l'ânesse.

4. Le renne. — Le *renne* ressemble beaucoup au cerf. — C'est un animal très sobre, que l'on trouve dans les pays du Nord, où il sert à tirer des traîneaux. — On boit son lait.

5. Le chameau. — Ce grand quadrupède, d'un roux clair, commun en Asie et en Afri-

Fig. 19. — Le chameau.

que, se distingue par les deux bosses qu'il porte sur le dos. Il n'est d'aucune utilité dans notre pays, où il ne peut pas s'acclimater; mais il rend d'immenses services pour le transport des marchandises et des voyageurs à travers les déserts de l'Asie et de l'Afrique.

Le *dromadaire*, qui est une variété du

chameau et n'a qu'une bosse, est plus spécialement employé pour la course. — Le
lama, espèce voisine du chameau, mais
plus petite, rend dans l'Amérique méridionale les mêmes services que le chameau
dans l'ancien monde.

6. **L'éléphant**. — L'*éléphant*, le plus gros

Fig. 20. — L'éléphant.

des quadrupèdes, est originaire de l'Asie et
de l'Afrique. — Son nez se prolonge en une
espèce de tuyau ou de *trompe* charnue qu'il
remue comme il veut, et qui lui tient lieu
de main. — Sa mâchoire est garnie de deux
défenses recourbées, et qui peuvent atteindre une longueur de deux mètres. Ce sont

ces défenses qui fournissent l'*ivoire*, avec lequel on confectionne tant d'ouvrages différents. En Asie cet animal sert au transport des voyageurs et à ceux des armées.

7. Le chien. — Le *chien*, le plus fidèle de nos animaux domestiques, se nourrit principalement de chair.

Les principales variétés sont : le *chien de berger*, qui a les oreilles droites, les poils raides ; — les *lévriers*, très hauts sur jambes, avec un corps allongé et un museau pointu ; le *barbet* ou *caniche*, reconnaissable à ses poils frisés comme la laine, connu par son adresse et son dévouement à son maître ; — le *dogue*, chien de forte taille, dont le museau est court et retroussé, et qui fait si bonne garde dans nos maisons ; — le *chien de chasse*, dont le museau est pointu, les oreilles longues et pendantes, l'odorat si développé ; — les *bassets*, qui ont un corps gros, allongé, porté sur de petites jambes, droites ou recourbées, les oreilles pendantes ; — l'*épagneul*, chien de luxe aux longs poils soyeux.

8. Le chat. — Les mœurs du *chat domestique* et les services qu'il rend dans nos maisons sont trop connus pour que nous en parlions. — Sa langue est dure comme une râpe, sa vue plus perçante de nuit que de jour. — Le *chat sauvage*, souche de toutes nos races domestiques, les dépasse d'un tiers au moins; il habite les forêts.

Questionnaire.

1. Qu'entend-on par espèces auxiliaires?

2. De quelle utilité sont les diverses races de chevaux? — Citez les particularités les plus remarquables de leur conformation. — A quoi un cheval sert-il après sa mort?

3. Parlez de l'âne, de ses mœurs et des services qu'il rend.

4. Parlez du renne.

5. — du chameau, du dromadaire, du lama.

6. — de l'éléphant.

7. — du chien et de ses différentes variétés.

8. — du chat.

CHAPITRE XXV.

Suite des mammifères. — Espèces industrielles: le renard, le loup, l'ours, le lion, la girafe, la baleine, etc.—Espèces diverses : les singes, la fouine, la taupe, etc.

1. Espèces industrielles. — Sous ce titre nous rassemblons les espèces plus particulièrement remarquables par les produits qu'elles fournissent à l'industrie, tels que fourrures, huiles, etc.

2. Le renard. — Les *renards* se reconnaissent à leur queue touffue, à leurs oreilles dressées et poilues. — On en connaît cinq ou six espèces dont les fourrures sont très recherchées, principalement celles qui viennent du Nord. — Le *renard ordinaire*, plus petit que le loup, a le poil roux. Il vit principalement de rapine, et en une nuit ravage une basse-cour, si l'on ne se met en garde contre ses ruses.

3. Le loup. — Le *loup* ressemble beaucoup au chien de berger, mais il est plus fort. Sa couleur, variable, est le plus ordinairement d'un brun jaunâtre. — Naturellement peu courageux, il faut que la faim le presse pour qu'il se hasarde à attaquer l'homme. — Le proverbe : *les loups ne se mangent pas*, manque d'exactitude, car souvent cet animal, s'il est blessé et incapable de se défendre, devient la proie de ses frères. — Malfaisant pendant sa vie, ce quadrupède est inutile après sa mort, à l'exception de sa fourrure, qui est d'ailleurs peu recherchée dans nos contrées.

4. L'ours. — L'*ours* est remarquable par un gros corps, bas sur jambes, par un museau allongé, par un poil touffu. — On connaît plusieurs espèces d'ours ; celle d'Europe est brune. — Cet animal vit seul au fond des forêts, dans des cavernes ou dans de vieux troncs d'arbres. Il se nourrit aussi bien de plantes que d'animaux. — Il grimpe aux arbres avec facilité, et il s'apprivoise assez facilement. — L'ours fournit une fourrure grossière. — La chair de l'*ourson* est assez délicate.

5. Le lion, le tigre. — Le *lion*, le *tigre*,

Fig. 21. — Lion. (Hauteur, 1 m.; longueur, 2 m.)

le *léopard*, la *panthère*, redoutables par leur force et leur férocité, habitent les déserts de l'Afrique et de l'Asie. — Ils ne seraient d'aucune utilité à l'homme sans les belles fourrures qu'ils fournissent, et dont on fait d'autant plus de cas, que la chasse de ces grands quadrupèdes est pleine de dangers.

6. La girafe. — La *girafe*, rangée parmi les ruminants, est le plus grand des mammifères connus. Grâce à la hauteur démesurée de son cou, elle atteint jusqu'à sept mètres. — Elle est remarquable par les belles nuances de son poil tacheté de jaune foncé sur un fond gris et blanc.

7. Le castor. — Le *castor*, autrefois connu en France sous le nom de *bièvre*, a communément d'un demi-mètre à un mètre de long, sur trente-trois centimètres de haut. — Son poil varie du brun roux au noir, et du fauve au blanc; sa queue est longue, aplatie et recouverte d'écailles. — Cet animal passe une partie de sa vie dans l'eau, dont il semble ne pouvoir se passer. — Dans les déserts de l'Amérique du Nord, il se construit avec un art admirable des huttes où il passe l'hiver.—Les peaux de castor fournissent une fourrure très recherchée. Les moins belles sont employées à la confection des chapeaux fins.

8. La martre, l'hermine. — La *martre*, l'*hermine*, la *zibeline*, le *chinchilla*, petits quadrupèdes assez semblables au castor, sont des animaux recherchés pour les belles fourrures qu'ils fournissent au commerce de la pelleterie, aussi bien que la *loutre*, qui nage très bien et se nourrit de poissons.

La fourrure qu'on appelle *petit-gris* nous vient d'une espèce d'*écureuil* propre à l'Amérique et à l'Asie septentrionale.

9. Le blaireau, le porc-épic. — Le *blaireau* se creuse un terrier, dans lequel il vit solitaire. L'espèce qu'on trouve en France est d'un gris cendré en dessus, avec un ban-

Fig. 22. — Hérisson.

deau brun. On fait des pinceaux avec son poil brunâtre en dessous. — On remarque chez le *porc-épic* de longs piquants qui protègent son corps, et dont on fait des manches de plumes. Le *hérisson*, qui lui ressemble, se nourrit de vers et d'insectes.

Le porte-musc, la civette. — Le *porte-musc* et la *civette*, mammifères étrangers à nos contrées, portent dans un sac situé sous le ventre un parfum très recherché : l'un est la *civette*, servant à aromatiser le tabac; l'autre est le *musc*, substance d'odeur très pénétrante, employée dans la parfumerie.

10. La baleine. — La *baleine* est le plus gros des animaux connus. Elle acquiert quelquefois jusqu'à trente mètres et plus de longueur. — Quoiqu'elle ait la forme d'un poisson, et qu'elle vive dans l'eau, on la range parmi les mammifères, parce qu'elle allaite ses petits. — Sa mâchoire est garnie, en place de dents, de *fanons* ou longues lames formées de cette espèce de corne noirâtre et flexible qu'on appelle *baleine*. — Sa peau est lisse, grisâtre, son corps terminé par une vaste nageoire. Elle a au-dessus de la tête deux ouvertures nommées *events*, par lesquelles elle rejette avec force l'eau qu'elle avale.

Chaque année dans les mers du Nord on équipe des vaisseaux pour la pêche de cet énorme animal, qui, outre ses fanons, four-

Fig. 23. — Baleine. (Longueur, de 20 à 25 m.)

nit jusqu'à cent vingt tonnes d'huile par individu. On s'en empare en lui jetant des espèces de crochets ou harpons en fer attachés au bout d'une grosse corde. Dans ces dernières années, on a imaginé d'attaquer les baleines avec des armes à feu lançant des bombes empoisonnées. — Cette pêche n'est pas sans dangers : car quelquefois d'un coup de sa queue la baleine a fait chavirer les barques qui s'étaient trop approchées d'elle.

Le *cachalot*, autre espèce voisine, fournit, outre son huile, le *blanc de baleine*, matière blanche accumulée dans sa tête, et avec laquelle on fait des bougies et du savon.

11. Le phoque. — C'est un mammifère à quatre pattes disposées en nageoires, qui ne sort de l'eau, où il vit presque toujours,

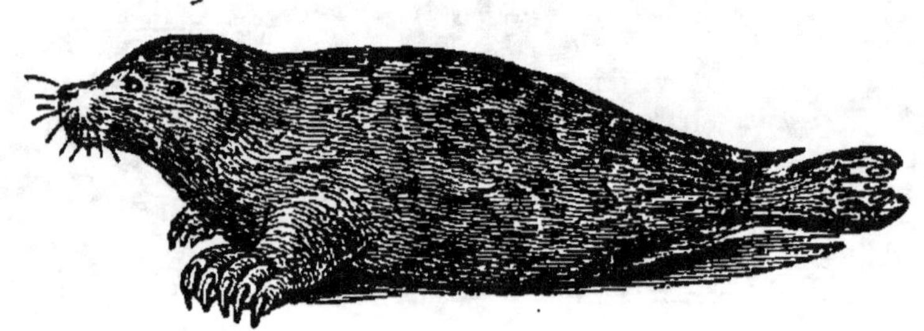

Fig. 24. — Phoque.

que pour se traîner avec peine sur le rivage, ce qui lui a fait donner le nom d'*amphibie*. Son corps, couvert de poils, se termine comme la queue d'un poisson, et son museau, arrondi, garni de poils, ressemble à celui d'un chat. — On va à la pêche de cet

animal pour l'huile abondante qu'il produit.

12. Espèces diverses. — Nous avons ras-
semblé sous ce titre divers mammifères vi-
vant à l'état sauvage, sans utilité immé-
diate pour l'homme, auquel ils nuisent
même quelquefois, mais curieux à connaître.

13. Le singe. — Les *singes* sont des animaux *quadrumanes*, c'est-à-dire ayant les
membres inférieurs terminés par des mains
comme les bras. Leur taille, la couleur de
leur poil, et même la forme de leur corps
varient beaucoup, selon les espèces, qui
sont très nombreuses, et toutes originaires
des contrées les plus chaudes du globe. —
Il en est qui marchent dans la position ver-
ticale, en se soutenant d'un bâton. — Ce
sont des animaux très intelligents et remarquables surtout par leur instinct d'imi-
tation.

14. La fouine. — La *fouine*, de la gran-
deur d'un chat, a la tête petite, le corps allongé, les jambes courtes, la queue longue
et touffue, et le poil brun. Elle grimpe le
long des murs, se glisse dans les colom-

biers, dans les poulaillers, où elle détruit tout ce qu'elle trouve. Elle habite non seulement les bois, mais même les greniers, les trous de murailles. — La *belette*, le *putois*, sont des espèces plus petites, et non moins redoutables aux basses-cours.

Citons encore la *marmotte* et l'*écureuil*, ce petit mammifère si répandu, remarquable par sa gentillesse et sa facilité à se laisser apprivoiser.

15. La taupe. — Les *taupes*, petits animaux de couleur noire le plus généralement, sont remarquables surtout par la forme singulière de leurs mains, larges, aplaties en forme de pelles, et garnies d'ongles tranchants. C'est l'instrument dont elles se servent pour creuser sous terre des galeries fort étendues. — Les taupes se nourrissent de vers, etc., et ne nuisent aux cultures qu'en remuant le sol pour y creuser leurs demeures.

Les *rats*, les *souris*, sont des petits mammifères trop bien connus par les dégâts qu'ils occasionnent dans les champs et dans les habitations.

16. La chauve-souris. — C'est encore parmi les mammifères que l'on range la *chauve-souris*. — Ce quadrupède singulier tient de l'oiseau pour la faculté qu'il a de se soutenir en l'air à l'aide d'une peau qui s'étend entre ses quatre membres. Il fait aux insectes une guerre infatigable.

Questionnaire.

1. Qu'appelle-t-on espèces industrielles?

2. Parlez du renard.

3. — du loup.

4. — de l'ours.

5. — du lion, du tigre, etc.

6. — de la girafe.

7. — du castor.

8. — de la martre, de l'hermine, etc.

9. — du blaireau, du porc-épic, du porte-musc, etc.

10. Parlez de la baleine, et des produits qu'on en retire.

11. — du phoque.

12. Citez quelques autres espèces.

13. Parlez des singes.

14. — de la fouine, de la belette, de l'écureuil, etc.

15. — de la taupe, des rats, des souris.

16. — de la chauve-souris.

CHAPITRE XXVI.

Les oiseaux. — Oiseaux de basse-cour : la poule, le coq, le pigeon, le canard, etc. — Gibier : la perdrix, le faisan, la caille, la grive, etc.

1. Les oiseaux. — Les *oiseaux* forment une des classes les plus intéressantes du règne animal par l'art merveilleux avec lequel ils construisent leurs nids, la tendresse qu'ils montrent pour leurs petits, l'étonnant instinct qui, à l'approche de l'hiver, les guide vers des climats plus chauds. Il faut respecter les petits oiseaux pour les services qu'ils rendent à l'agriculture en détruisant les insectes et les vers.

2. Oiseaux de basse-cour. — Les oiseaux de basse-cour sont particulièrement destinés à notre alimentation.

La poule, le coq. — La *poule*, originaire de l'Inde, peut pondre toute l'année, excepté pendant la *mue*, qui dure ordinairement de cinq à six semaines ; elle pond rarement en hiver. Après chaque ponte elle fait entendre un chant analogue à celui du coq. — Peu d'heures après que les petits ont brisé leur coquille, la mère les mène avec elle à la recherche de leur nourriture. Si un danger les menace, elle les cache sous ses ailes et les défend avec courage. Le mâle ou le *coq* n'en prend aucun soin. — Les coqs ou *chapons* et les poules ou *poulardes* sont engraissés pour la table. — On connaît l'usage des œufs dans notre alimentation.

3. **Le pigeon.** — Il existe un très grand nombre d'espèces de *pigeons*. — Ces animaux vivent par couples; la femelle pond deux œufs, qu'elle couve alternativement avec le mâle.

Les *tourterelles*, les *colombes*, les *ramiers*, rentrent tous dans le même genre.

4. **Le canard.** — Le *canard domestique* prend en six mois toute sa grosseur. — Il ne peut se passer d'eau, et, indépendamment du maïs, de l'orge, etc., qu'on lui jette, il se nourrit de toutes sortes de petits animaux. — Le canard domestique provient de l'espèce sauvage qui vient s'abattre en troupes sur nos étangs, et auquel on fait

la chasse. — Des œufs enlevés au nid d'un canard sauvage, et couvés par une poule, donnent des *canetons* qu'il est facile d'habituer peu à peu à la domesticité.

C'est une espèce de canard du Nord nommé *eider* qui fournit la plume fine qu'on appelle *édredon*, et dont on remplit les coussins, les couvre-pieds, etc.

5. **L'oie.** — L'*oie* diffère très peu du canard ; ses mœurs sont les mêmes. — Un des services qu'elle nous rend, c'est de fournir des plumes à écrire. — Sa chair est de bon goût.

6. **Le dindon.** — On reconnaît à la singularité de ses formes que le *dindon* est originaire d'un pays autre que le nôtre : en effet il nous vient de l'Amérique. — Quoique sa couleur la plus ordinaire soit la noire, il y en a de gris, et même de blancs. — Les *dindonneaux* sont

Fig. 25. — Dindon.

difficiles à élever, et demandent beaucoup de soins pendant le premier mois. — La chair de cet oiseau est estimée.

7. Le paon. — Le *paon* est le plus beau des oiseaux. Ce n'est même qu'à ce titre qu'on l'élève dans les basses-cours, car sa chair est peu agréable à manger. Il se fait surtout admirer par sa longue queue nuancée des plus vives couleurs, et qu'il peut relever et étaler à volonté.

8. Gibier. — Le gibier comprend les principales espèces d'oiseaux que l'on chasse dans les champs et dans les bois pour les servir sur nos tables.

9. La perdrix. — La *perdrix* a le dessus du corps mêlé de roux, de cendré et de noirâtre ; sa queue est composée de douze plumes jaunâtres et cendrées à la pointe. La femelle produit beaucoup de petits ou *perdreaux ;* elle dépose ses œufs dans un nid creusé à fleur de terre. — La *gelinotte,* un peu plus grosse que la perdrix, lui ressemble beaucoup. — La chair de ces oiseaux est savoureuse et recherchée.

10. Le faisan. — Le *faisan* est un bel oiseau, dont on connaît plusieurs variétés.

Celle qui habite nos climats est à peu près de la grosseur d'un coq. — Le mâle est d'une couleur rouge brune, sa gorge est bleue ; il porte sous le cou, comme le dindon, des caroncules, espèce de peau écarlate qui peut se gonfler à la volonté de l'animal. La femelle, plus petite, a le fond du plumage d'un gris terreux avec des bandes noires. — Ces oiseaux habitent de préférence les bois humides. — On les élève quelquefois dans des enclos particulièrement destinés à leur éducation, et qu'on appelle *faisanderies.* — La chair de cet animal ne se sert que sur les tables recherchées.

11. La caille. — Les *cailles*, plus petites, diffèrent peu des perdrix. — On emploie diverses ruses pour prendre ces oiseaux de passage, dont la chair, plus grasse que celle de la perdrix, est très appréciée. — L'*alouette*, petit oiseau d'un roux cendré à bec brunâtre, vit sur la terre, où elle fait son nid. — Son chant est très agréable.

12. La grive. — La *grive* se reconnaît à son plumage marqué de petites taches noires ou brunes sur la poitrine, à son bec brun. — Elle reste pendant une grande partie de l'année dans nos contrées, où elle habite les bois, perchée au sommet des arbres les plus élevés.

13. La bécasse. — La *bécasse* et la *bécassine*, un peu moins grosses que la perdrix, se reconnaissent à un long bec et à un plumage varié de roux, de noir et de cendré. — C'est le soir et le matin que ces oiseaux volent pour chercher leur nourriture : aussi est-ce à cette heure qu'on leur tend des filets.

14. Le coq de bruyère. — Le *coq de bruyère* est à peu près de la taille d'un petit dindon. — Il habite de préférence les bois marécageux. Son plumage paraît noirâtre à quelque distance, mais de près on voit qu'il est mêlé de plusieurs couleurs. — On fait la chasse à ces animaux au printemps principalement, pour leur chair estimée des gourmets.

15. Les oiseaux de rivage. — Les *pluviers*, les *vanneaux*, les *poules d'eau*, etc., ne sont pas moins recherchés pour la délicatesse de leur chair. Ces espèces sont appelées *oiseaux de rivage*, parce qu'elles fréquentent de préférence le bord des rivières et des étangs. — D'autres, d'une très grande taille, habitent sur les rivages de la mer ; tels sont : le *pétrel*, la *frégate*, etc.

Questionnaire.

1. Parlez de la classe des oiseaux et de leurs instincts.

2. — des oiseaux de basse-cour, de la poule, du coq.

3. — du pigeon, des tourterelles, etc.

4. — du canard.

5. — de l'oie.

6. — du dindon.

7. — du paon.

8. Nommez les principales espèces de gibier.

9. Parlez de la perdrix, de la gelinotte.

10. — du faisan.

11. — de la caille, de l'alouette.

12. — de la grive.

13. — de la bécasse, de la bécassine.

14. — du coq de bruyère.

15. — des oiseaux de rivage, des oiseaux de mer.

CHAPITRE XXVII.

Suite des oiseaux. — Espèces industrielles : l'autruche, le cygne, la cigogne, etc. — Oiseaux de volière. — Oiseaux de passage. — Oiseaux de proie.

1. Espèces industrielles. — Plusieurs espèces d'oiseaux sont recherchées dans l'in-

dustrie, particulièrement pour leurs plumes ;
ce sont, outre l'*oie*, dont nous avons déjà
parlé, l'*autruche*, le *cygne*, la *cigogne*, etc.

2. **L'autruche.** — *L'autruche*, le plus
gros des oiseaux connus, ne se trouve pas
en Europe. — Cet animal atteint près de
deux mètres et demi de hauteur ; ses
jambes très élevées lui permettent de cou-
rir très vite. — Ses plumes servent à parer
les coiffures et différents objets.

3. **Le cygne.** — Le *cygne*, ce bel oiseau
de grande taille, d'une blancheur éclatante.
fait l'ornement des bassins. — Le duvet fin
et léger qui couvre son ventre sert de fourrure. — Ses plumes peuvent être utilisées
comme celles de l'autruche.

Les longues plumes qui ornent les flancs
de l'*oiseau de paradis* servent à faire de bril-
lants panaches. — C'est à une espèce de
héron que l'on doit l'aigrette qui entre dans
certaines coiffures.

4. **La cigogne.** — La *cigogne* est un grand
oiseau qui ressemble beaucoup aux grues.
Son bec et son cou sont fort longs, ses
jambes hautes. — Sa nourriture se compose principalement de reptiles, auxquels

elle fait une telle guerre, qu'elle en débarrasse presque complètement le sol. De
là la protection qu'on accorde aux cigognes
dans plusieurs pays, où elles construisent
leurs nids sur les toits des maisons. — C'est
une cigogne originaire d'Afrique qui fournit les plumes légères connues sous le nom
de *marabouts*.

5. **Le corbeau.** — Le *corbeau*, si commun dans nos climats, et si facile à reconnaître à son plumage noir, fournit des
plumes utiles pour les écritures les plus
fines.

Les *pies*, qui sont de la même couleur
que les corbeaux, mais plus petites, sont
des oiseaux nuisibles qui détruisent les nids
et les petits oiseaux.

6. **Oiseaux de volière.** — Il est des oiseaux
qu'on élève dans des volières pour l'agrément de leur chant ou la beauté de leur
plumage ; tels sont le *rossignol*, le *serin*, etc.

7. **Le rossignol.** — Le *rossignol*, peu remarquable par son plumage d'un roux
cendré, se fait admirer par l'étendue et la
beauté de sa voix. — Il vit solitaire, quitte

la France en hiver pour y revenir avec le printemps.

Les *gros-becs* tirent leur nom de leur bec court et large. — Il existe plusieurs espèces de *fins-becs ;* tels sont le *rouge-gorge*, la *fauvette*, espèce à tête noire, qui fait entendre un chant très agréable.

8. Le serin. — Le *serin*, originaire des îles Canaries, s'élève en domesticité pour l'agrément de son chant.

Le *chardonneret*, le *pinson*, le *moineau*, sont des espèces du même ordre, utiles pour

Fig. 26. — Perroquet.

détruire les insectes ; ils causent souvent des dégâts aux récoltes.

Il est aussi des espèces exotiques ou étrangères qu'on élève en captivité pour la beauté de leur plumage ; tels sont les *perroquets*.

9. Oiseaux de passage. — Il est des *oiseaux de passage*, c'est-à-dire qui ne séjournent dans nos climats que pendant la belle saison, et qui, à l'approche de l'hiver, s'envolent vers des climats plus doux. Telles sont la plupart des espèces que l'on chasse comme gibier, et d'autres qu'on élève en volière. L'une des plus connues est l'*hirondelle*.

10. L'hirondelle. — Les *hirondelles* ont la queue fourchue, le bec court, aplati. Leur plumage et leur taille varient selon les espèces. — Elles construisent leur nid très habilement avec de la boue humide et de la paille. — Leur arrivée est le signal du printemps, leur départ annonce l'hiver. — Elles peuvent vivre en domesticité.

11. Oiseaux de proie. — Les *oiseaux de proie* se nourrissent de la chair d'animaux vivants ou tués récemment. — Ils sont

11.

armés de griffes tranchantes et recourbées, et font la guerre aux différentes espèces d'oiseaux et de petits quadrupèdes.

12. **L'aigle.** — L'*aigle* est remarquable par sa taille et par sa force, assez grande pour qu'il puisse enlever un agneau entre ses serres.

— Le *faucon* est un oiseau du même genre, qu'on dressait autrefois pour la chasse.

13. **Le vautour.** — Le *vautour*, connu par sa voracité, a le cou dépourvu de plumes.

Les *chouettes* et les *hiboux* sont des oiseaux de nuit, qui, pendant le crépuscule, font la chasse aux insectes et aux souris.

Fig. 27. — Aigle.

Questionnaire.

1. Quelles sont les espèces d'oiseaux utilisées dans l'industrie ?

2. Parlez de l'autruche.

3. — du cygne, de l'oiseau de paradis, etc.

4. — de la cigogne, de son utilité.

5. Parlez du corbeau, des pies.

6. — des oiseaux de volière.

7. — du rossignol, des gros-becs, des fins-becs.

8. — du serin, du moineau, du perroquet.

9. Qu'appelle-t-on oiseaux de passage ?

10, Parlez de l'hirondelle.

11. Quels sont les oiseaux de proie ?

12. Parlez de l'aigle, du faucon.

13. — du vautour, des chouettes, des hiboux.

CHAPITRE XXVIII.

Les reptiles : la tortue, le crocodile, le lézard, la couleuvre, le serpent, la grenouille, etc.

1. Les reptiles. — Les reptiles ont le corps fréquemment couvert d'écailles, les membres nuls ou très courts, ce qui fait qu'ils semblent ramper ou se traîner à terre. Il en est de venimeux. La plupart sont utiles en détruisant une foule d'insectes nuisibles. Ce sont les *tortues*, les *lézards*, les *serpents*, les *grenouilles*, etc.

2. La tortue. — Les *tortues* ont le corps recouvert d'une sorte de manteau de corne, formé d'écailles jointes ensemble, noirâtres, avec des marbrures jaunes, et qu'on appelle *carapace.* — Elles transportent partout cette enveloppe qui est attachée à leur corps, et,

Fig. 28. — Tortue.

pour marcher, elles font sortir de dessous la carapace leur tête et leurs quatre pieds.

Il existe des *tortues d'eau douce*, qui vivent dans les lacs et dans quelques fleuves du midi et de l'orient de l'Europe ; — des *tortues de mer* qui ont un mètre et plus ; —

enfin des *tortues de terre*. — L'espèce la plus connue en Europe est la *tortue grecque*, qui vit dans les bois. Elle se nourrit de vers, de fruits, d'herbes et s'apprivoise.

La substance qu'on emploie sous le nom d'*écaille* à la fabrication des peignes, des tabatières, etc., provient de la carapace de certaines tortues.

3. Le crocodile. — Les *crocodiles* se trouvent particulièrement en Egypte ; ils ont le corps couvert d'écailles très dures et de la forme d'un grand lézard ; leur gueule est fendue jusqu'au delà des oreilles ; ils peuvent atteindre jusqu'à dix mètres de longueur. — Ces grandes espèces sont redoutables pour l'homme lui-même.

4. Le lézard. — On connaît plusieurs espèces de *lézards*. — Ces animaux sont très innocents, et dans l'impossibilité de faire aucun mal. Ils grimpent avec la plus grande agilité. — Le *lézard gris*, qui est le plus commun en France, a quinze centimètres de long, quatre pattes, une queue formée d'anneaux qui se détachent facilement, le corps couvert d'écailles.

5. Le caméléon. — Le *caméléon* est un petit reptile long de 30 centimètres environ, à quatre pattes, à longue queue, et qui peut changer de couleur, ou présenter dans le même instant sur sa peau, ordinairement grisâtre, des teintes rouges, jaunes, brunes. — Ce singulier animal habite principalement l'Espagne et l'Afrique; on le trouve dans les forêts, perché sur des arbres.

6. La couleuvre. — Les *couleuvres* qu'on trouve en Europe ont la forme de petits serpents, mais elles ne possèdent aucun moyen de nuire. — Leur langue fourchue, qu'elles lancent avec rapidité hors de la bouche, ne blesse pas, comme beaucoup de personnes le croient.

Les espèces les plus communes en France sont : la *couleuvre à collier*, portant sur le cou une bande jaune et noire, qui lui a valu son nom ; — la *couleuvre ordinaire*, verte et jaune, très commune dans le Midi.

7. La vipère. — On donne le nom de *vipère* à plusieurs espèces de serpents venimeux dont la bouche èst garnie de dents recourbées en forme de crochet, très aiguës, et percées d'un canal par où sort le venin.

Ce venin, en pénétrant dans la blessure faite par la dent, peut tuer subitement un animal. — La plupart des vipères habitent l'Amérique et l'Inde. — L'espèce que l'on voit en France se reconnaît à sa couleur brunâtre sur le dos, avec une ligne noire en zigzag, ardoisée en-dessous avec quelques taches noires sur les flancs. Elle est longue de 33 à 40 centimètres. Sa tête aplatie, triangulaire, est couverte d'écailles, ainsi que le reste du corps. On la trouve souvent dans le creux des murailles, sous les pierres. Elle attaque rarement l'homme, à moins qu'il ne la blesse ou qu'il ne l'excite. Sa morsure, quoique moins dangereuse que dans les pays chauds, peut rendre très malade [1].

8. Le serpent.— Outre les couleuvres et les vipères, on connaît un très grand nombre de *serpents*. Ils habitent les climats les plus chauds. Les uns sont innocents, tel est le *serpent boa*; les autres font des blessures mortelles, tel est le *serpent à sonnettes*. — Leur

---

1. Voyez, dans notre *Petite Hygiène* les secours à administrer en cas de morsure.

corps, couvert d'écailles, est souvent très

Fig. 29. — Serpent à sonnettes.

long, et nuancé des plus belles couleurs. Ils changent de place avec une grande agilité.

9. Le crapaud, la grenouille. — Il n'est personne qui ne connaisse le *crapaud* : il se rend utile dans les jardins en détruisant les insectes et les limaces. — La *grenouille* lui ressemble beaucoup ; cependant sa peau est lisse, au lieu d'être couverte de verrues ; ses pattes de derrière sont plus longues que le corps. — La chair de la grenouille est agréable et saine. — Ses petits sortent d'abord des œufs sans pattes et avec une queue ; on les appelle alors *têtards*. Ce n'est qu'au bout de deux mois environ qu'ils prennent la vraie forme de grenouille.

11.

1. Quels sont les ca-
ractères des reptiles ?
2. Parlez des tortues.
3. — du crocodile.
4. — du lézard.
5. — du caméléon.

6. — Parlez des cou-
leuvres.
7. — des vipères.
8. — des serpents.
9. — du crapaud, de
la grenouille.

CHAPITRE XXIX.

*Les poissons. — Poissons de mer : la raie, la
morue, l'esturgeon, le maquereau, etc. —
Poissons d'eau douce : la carpe, le brochet,
la truite, etc.*

1. Les poissons. — Les eaux, comme
l'air et la terre, sont peuplées de nombreuses populations d'animaux appartenant
à différentes classes. Ceux qui sont plus
particulièrement organisés pour vivre dans
cet élément, ce sont les *poissons :* on les
trouve dans les mers jusqu'à des profondeurs de plusieurs kilomètres, où l'on
croyait la vie impossible, avant les dernières

explorations du fond des mers. — Ils ont, au lieu de membres, des nageoires, qui leur servent de rames pour se mouvoir dans l'eau, comme l'aile sert à l'oiseau pour se soutenir dans l'air. Ils ont, en outre, à l'intérieur une vessie remplie d'air, qu'ils compriment ou dilatent à volonté, selon qu'ils veulent descendre ou monter à la surface de l'eau. — Les poissons sont des animaux *ovipares*, c'est-à-dire qu'ils se reproduisent par des œufs. On connaît aujourd'hui l'art de recueillir ces œufs et de les développer artificiellement : c'est ce qu'on appelle la *pisciculture*.

Il est des poissons qui n'habitent que la mer, et que l'on pêche pour leurs qualités alimentaires; d'autres vivent dans les eaux douces.

2. Poissons de mer. — Les principales espèces de poissons de mer sont : la *raie*, la *morue*, l'*esturgeon*, le *maquereau*, le *thon*, le *turbot*, la *sole*, le *saumon*, etc.

3. La raie. — La raie a le corps plat, carré, et terminé par une longue queue grêle; de larges nageoires en forme d'ailes, ce qui lui donne la facilité de voler en quelque sorte dans l'eau. — On en trouve dans toutes les mers. — C'est un poisson estimé.

Il y a une espèce de raie nommée *torpille*, qui, quand on la touche, fait éprouver une secousse semblable à celle que produit l'électricité. Elle profite de l'engourdissement produit par cette secousse, pour se saisir des animaux dont elle fait sa nourriture.

4. La morue. — La *morue ordinaire* a plus d'un mètre de long ; la tête occupe près du tiers de la grosseur totale du corps,

Fig. 30. — Morue.

que l'on désigne ordinairement sous le nom de *queue*. — Ce poisson vit en troupes innombrables dans les mers d'Europe et d'Amérique. — On équipe des vaisseaux uniquement pour aller à la pêche de la morue.

Au même genre de poissons appartient le *merlan*, qui ressemble beaucoup à la morue, mais qui est plus petit. — On le pêche principalement dans la Manche et dans la Baltique.

5. L'esturgeon. — L'*esturgeon ordinaire*, que l'on recherche beaucoup comme aliment, habite la mer, mais remonte dans les fleuves pour y pondre. — C'est avec la vessie natatoire de l'esturgeon que l'on fabrique la *colle de poisson*, matière avec laquelle on colle les vins, on apprête les étoffes, on fait des gelées, etc. — Les œufs de l'esturgeon se mangent sous le nom de *caviar*.

6. Le maquereau. — Le *maquereau* est long d'environ trente centimètres. Son corps est rond et épais; son museau et sa tête sont pointus. Il est brun, nuancé de bleu en dessus, d'un blanc argenté en dessous, sans écailles. — Ce poisson vit dans toutes les mers, et s'approche des côtes au printemps pour faire sa ponte. — Sa chair est grasse et a un goût excellent.

7. Le thon. — Le *thon* est plus gros que le maquereau. Son corps est couvert d'écailles, noirâtres en dessus. Il voyage par bataillons carrés. — On en fait une grande pêche dans la Méditerranée, et on le sale pour l'expédier dans toute l'Europe.

Le *rouget* est un petit poisson rouge du même genre, et qui a un très bon goût.

8. Le turbot, la sole. — Le *turbot* et la *sole* sont des poissons plus ou moins grands,

Fig. 31. — Turbot.

selon les lieux où on les pêche, d'une couleur ordinairement foncée en dessus, et blanche en dessous. — Ils ont toujours les deux yeux placés du même côté. — Ils sont des plus recherchés pour la table.

Parmi les autres poissons plats, nous pouvons encore citer la *barbue*, la *limande*, le *carrelet*, etc.

9. Le saumon. — Le *saumon* a ordinairement près d'un mètre de longueur. Il est couvert d'écailles d'un gris bleuâtre sur le dos, argentées sur le reste du corps. — Il vit en société dans l'Océan, d'où il remonte dans les fleuves. — Sa chair rosée est savoureuse.

10. Le hareng. — Les *harengs*, dont on fait une si grande consommation en Europe, vivent en troupes innombrables dans l'Océan. Ils ne s'approchent des rivages que pour y déposer leurs œufs. — Leur pêche dans les mers du nord de l'Europe est l'objet d'un commerce très considérable, Elle a lieu à la fin de l'automne, au moyen d'immenses filets.

La *sardine* et l'*anchois* sont aussi de petits poissons de mer, qu'on mange également frais ou salés.

11. Le requin. — Le *requin* est un des animaux les plus redoutés sur les mers à cause de sa voracité.—Il peut atteindre dix mètres de long. — Sa peau, hérissée et très dure, sert à polir diverses matières, et fournit le *chagrin* dont on recouvre les étuis et les

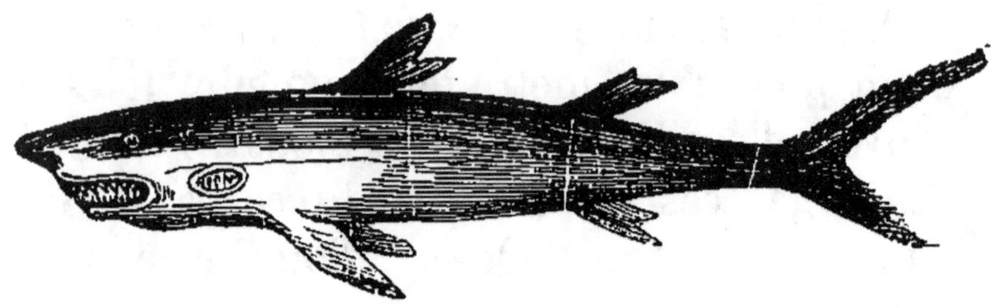

Fig. 32. — Requin. (Longueur, 8 m.)

boîtes.—Sa chair n'est pas bonne à manger.

12. Poissons d'eau douce. — Il y a aussi un très grand nombre d'espèces comestibles parmi les poissons d'eau douce.

13. La carpe. — La *carpe* peut acquérir un volume très considérable. Son corps est recouvert d'écailles olivâtres en dessus, jaunâtres en dessous. — Sa chair molle a un bon goût.

14. Le brochet. — Le *brochet*, dont la couleur varie selon les espèces, acquiert dans certains fleuves plus de deux mètres de longueur. — C'est un animal très vorace qui détruit beaucoup de petits poissons et qui vit de longues années.

La *perche*, joli poisson d'un brun-vert

doré avec des bandes noires en travers et des nageoires rouges, habite de préférence les lacs.

15. La truite. — La *truite*, qu'on trouve principalement dans les eaux vives, se reconnaît à ses taches arrondies, noires et rouges.

La *tanche* est noirâtre sur le dos, blanchâtre sur le ventre. Elle se trouve principalement dans les lacs et les étangs. — Le *goujon* est beaucoup plus petit. — Ces poissons, la truite surtout, ont un goût fin.

16. L'anguille. — L'*anguille* a un corps arrondi et allongé, et ressemble un peu à un serpent. — Sa chair est grasse et lourde à digérer.

L'*ablette* est un petit poisson blanc, auquel on enlève la matière argentée de ses écailles pour en enduire l'intérieur de petites boules de verre, qui imitent les perles fines.

Questionnaire.

1. Parlez des poissons et de leur structure. — Qu'est-ce que la pisciculture ?

2. Citez les principales espèces de poissons de mer.

3. Parlez de la raie, de la torpille.

4. — de la morue, du merlan.

5. — de l'esturgeon.

6. — du maquereau.

7. — du thon.

8. — du turbot, de la sole, de la limande, etc.

9. — Parlez du saumon.

10. — du hareng, de la sardine, de l'anchois.

11. — du requin.

12. Citez les principales espèces de poissons d'eau douce.

13. Parlez de la carpe.

14. — du brochet, de la perche.

15. — de la truite, de la tanche, du goujon.

16. — de l'anguille, de l'ablette.

CHAPITRE XXX.

Les insectes : l'abeille, le ver à soie, les papillons, la cantharide, le hanneton, etc.

1. Les insectes. — Gardons-nous bien d'oublier les insectes, ces animaux que leur petitesse nous fait quelquefois regarder avec dédain : car c'est dans les plus frêles créatures que l'Auteur de la nature s'est complu à rassembler le plus de merveilles. Dans un chétif ciron, qui n'est pour nous qu'un point dans le monde, le grand Architecte a su cependant trouver assez de place pour loger une trompe propre à sucer les sucs qui le nourrissent; un estomac pour les digérer; des yeux, des pattes et une foule d'autres organes, enfin, une dose d'instinct suffisante pour le diriger dans le cours de sa vie.

2. Les insectes sont *ovipares*. On voit sortir d'abord de l'œuf un petit ver appelé *larve* ou *chenille*, qui, au bout de quelque temps, file une coque ou cocon dans lequel il s'enferme et se transforme en *nymphe* ou *chrysalide;* plus tard celle-ci crève sa coque et en sort à l'état d'insecte parfait. Ces changements, qu'on appelle les *métamorphoses* des insectes, ne s'observent pas chez tous.

Il est des insectes utiles, il en est de nuisibles : nous allons parler des uns et des autres.

3. **L'abeille.** —Est-il un animal dont l'instinct nous présente un spectacle plus étonnant que l'*abeille?* Quelle perfection dans les travaux de cette frêle mouche, à laquelle cependant le Créateur n'a donné pour instruments que de faibles pattes !

La *ruche*, où se compose son miel, renferme trois sortes d'abeilles : la *reine*, les *mâles*, les *ouvrières*. La *reine*, la seule fe-

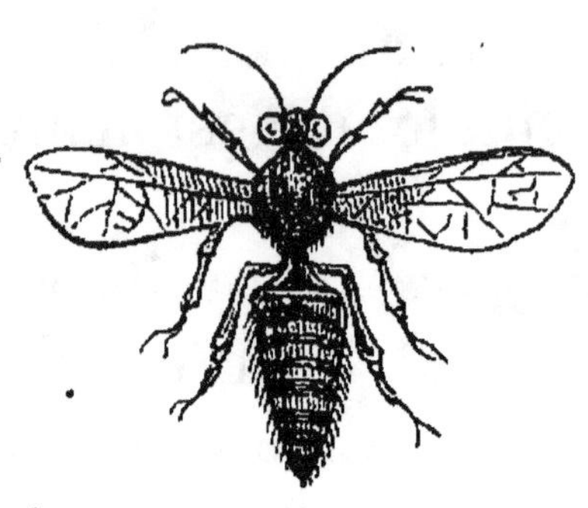

Fig. 33. — L'abeille.

melle qui s'y trouve, peut pondre, dans l'espace de trois se- maines, de 6 à 12 mille œufs environ. Elle est deux fois plus grosse que les autres et porte un aiguillon. — Les *mâles*, qui n'ont point d'aiguillon, ne font pas de miel. Au nombre de 600 à 800 dans la ruche, ils sont tués par les ouvrières vers la fin de l'été, pour n'être pas à charge à la société en hiver. — Les *ouvrières* sont au nombre de 20 à 30 000 dans la ruche : elles sont armées d'un aiguillon comme les reines. Ce sont elles qui vont pomper sur les fleurs, à l'aide de leur trompe, la liqueur sucrée qu'elles apportent à la ruche pour composer le miel, et la poussière jaune avec laquelle elles fabriquent la cire. Ces matériaux se changent dans leur estomac en miel et en cire, qu'elles pétrissent ensuite avec leurs pattes, et dont elles construisent leurs gâteaux. Dans la partie supérieure de ces gâteaux, on trouve le miel, que l'industrieux insecte amasse pour l'hiver. Quand les alvéoles sont remplis, il les bouche avec un couvercle.

A l'époque où la population devient trop nombreuse pour habiter la même ruche, il se forme un *essaim*, qui va se poser où la reine le conduit, et qu'on enferme dans une nouvelle ruche vide, où il recommence de nouveaux travaux.

4. Le ver à soie. — Le *bombyx du mûrier*, ou *ver à soie*, est d'abord renfermé

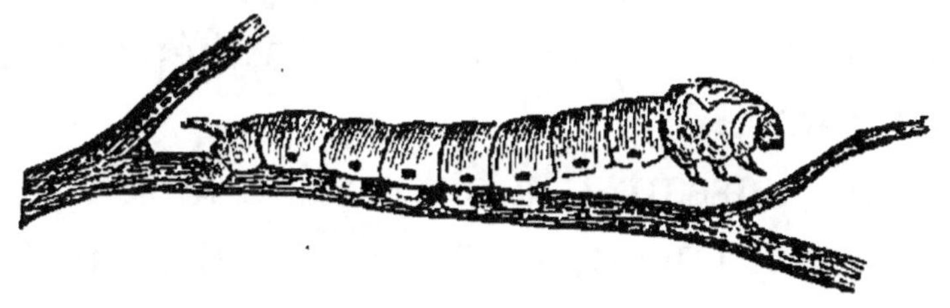

Fig. 34. — Ver à soie.

pendant près de six mois dans un petit œuf. Il en sort au bout de ce temps sous la forme d'un *ver* ou d'une *chenille*, qu'on nourrit avec les feuilles du mûrier, et qui change quatre fois de peau.

Au bout de vingt-cinq à trente jours,

quand le ver sent qu'il doit faire sa dernière mue, il file la soie, avec laquelle il se construit une coque ou cocon, où il s'enferme pendant dix-huit à vingt jours. — Il s'y change en *chrysalide* ou *nymphe*, espèce de masse allongée, molle et demi-transparente, dans laquelle on reconnaîtrait difficilement un animal.

Enfin il sort du cocon, qu'il perce par un bout, à l'état de *papillon*, ou sous la forme d'un petit insecte blanc à quatre ailes. — Bientôt il pond des œufs, qui, six mois après, reproduisent des chenilles, qui passeront par les mêmes transformations. — La durée entière de leur existence ne dépasse pas deux mois.

Si on laissait à la chrysalide le temps de percer son cocon, ce cocon n'aurait plus de valeur : c'est pourquoi on expose dans un four ou à la chaleur de l'eau bouillante ceux dont on veut retirer la soie ; ce qui fait périr l'animal.

On élève de préférence les *vers à soie* dans les pays où le mûrier qui doit les nourrir vient bien ; tels sont la Provence, le Languedoc, etc.

5. Les papillons. — Les *papillons*, dont il existe une foule d'espèces plus ou moins remarquables par les brillantes couleurs de leurs ailes, se distinguent en *papillons de jour*, *papillons crépusculaires* et *papillons nocturnes*, d'après l'heure à laquelle ils volent. — Leurs larves ou *chenilles* sont toutes nuisibles aux cultures.

6. La cantharide. — C'est une espèce de mouche dont le corps est allongé, les ailes d'un beau vert doré, et qu'on trouve sur les frênes, les jasmins, les lilas, principalement dans le Midi. — Ces insectes, appliqués sur la peau, y produisent des ampoules semblables à celles d'une brûlure : c'est pourquoi on les recueille. On les dessèche pour en préparer des emplâtres qu'on applique aux malades sous le nom de *vésicatoires*.

7. La cochenille. — Les petites graines nommées *cochenille*, dont on retire la belle couleur rouge qu'on désigne sous le nom de *carmin*, sont de petits insectes desséchés, plus petits qu'un pois, brunâtres, et qui vivent en Amérique sur une plante grasse nommée *nopal*, qu'on cultive exprès pour les y recueillir.

8. Le hanneton, la courtilière. — Ces insectes sont trop connus dans les jardins par les dégâts qu'ils y font. Les *hannetons* rongent les feuilles, et les vers blancs qui en proviennent sont nuisibles aux cultures des jardins en rongeant les racines des plantes. Les *courtilières* le sont plus encore, en coupant les racines, et en se creusant des terriers à l'aide de leurs larges pattes dentelées.

9. Les sauterelles. — Les *sauterelles* sont remarquables par la hauteur de leurs pattes et par l'étendue de leurs sauts. En certains pays, elles s'abattent en essaims innombrables dans les champs, où elles causent de grands ravages. — Le *grillon*, la *cigale*, le *ver luisant*, sont moins à craindre. Ce dernier a la singulière propriété d'être lumineux dans l'obscurité.

10. La guêpe. — Parmi les insectes dont la piqûre est à redouter, la *guêpe* se reconnaît facilement à son corps d'un jaune vif, bordé de raies et de taches noires ; elle est plus grosse que l'abeille. Le *frelon* est la plus grosse de toutes. — Ces animaux construisent aussi avec l'écorce des arbres des *guêpiers*, formés de cellules comme les gâteaux de cire des abeilles.

Les piqûres du *cousin* sont moins dangereuses, et ne causent d'incommodités graves que si elles sont en très grand nombre. — Le *taon* est une grosse mouche qui suce principalement le sang des animaux. — La *mouche ordinaire* n'a rien qui puisse nous intéresser.

11. Le charançon. — Le *charançon du blé* ou *calandre* est un petit insecte brunâtre, très destructeur. Niché dans les grains de blé, il mange la farine sans attaquer l'écorce. — Il en est de même de la *teigne des grains*, qui vit dans une espèce d'étui qu'elle construit elle-même.

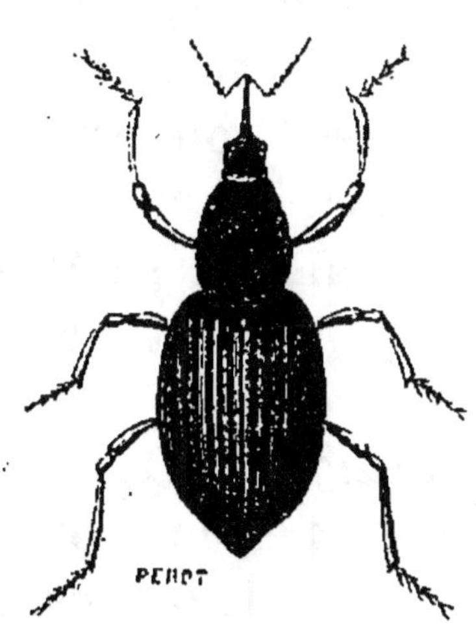

Fig. 35. — Charançon.

Les *vrillettes*, les *ruine-bois*, pratiquent dans le bois des trous au fond desquels ils introduisent leurs œufs, et font beaucoup de dégâts dans les bois de construction.

12. Le scorpion. — Le *scorpion*, commun dans le midi de la France, ressemble à une petite écrevisse. Sa couleur varie. Son corps se termine par une longue queue armée d'un crochet avec lequel il fait des blessures venimeuses aux petits animaux, quelquefois même à l'homme.

13. Les fourmis. — Les *fourmis* vivent en sociétés nombreuses, où l'on distingue, comme chez les abeilles, des mâles, des femelles et des ouvrières. Ces dernières, les plus nombreuses, sont chargées de l'approvisionnement et de la construction des fourmilières ou demeures souterraines percées avec beaucoup d'art, et où s'abritent les larves. — Les fourmis occasionnent aussi des dégâts dans les jardins et jusque dans les maisons.

14. L'araignée. — L'*araignée* n'est pas, comme beaucoup de personnes le croient, un animal venimeux. Une seule espèce en France occasionne, par sa piqûre, du gonflement et quelquefois de petites ampoules, c'est l'*araignée des caves*, d'un noir cendré, un peu plus grosse que l'araignée ordinaire. — On connaît l'art avec lequel ces animaux filent des toiles minces dans lesquelles ils font tomber les insectes dont ils se nourrissent.

Questionnaire.

1. L'étude des insectes est-elle à dédaigner?

2. Qu'appelle-t-on métamorphoses des insectes?

3. Parlez de l'abeille et de son industrie.

4. — du ver à soie et de la manière dont il produit la soie.

5. — des papillons, des chenilles.

6. — de la cantharide.

7. Parlez de la cochenille.

8. — du hanneton, de la courtilière.

9. — des sauterelles.

10. — de la guêpe, du cousin, de la mouche, etc.

11. — du charançon, des vrillettes, etc.

12. — du scorpion.

13. — des fourmis et de leur instinct.

14. — de l'araignée.

CHAPITRE XXXI.

Les crustacés : l'écrevisse, le homard, la crevette, etc. — Les vers : les vers de terre, les sangsues.

1. Les crustacés. — On donne le nom de *crustacés* à certains animaux qui ont le corps revêtu d'une espèce de *croûte* ou coquille, et qui vivent dans l'eau, comme les *écrevisses*, les *homards*, les *crevettes*, les *crabes.*—La plupart marchent difficilement sur la terre, les uns à reculons, d'autres de côté. A certaines époques, ils éprouvent une sorte de *mue*, quittent leur enveloppe et en reforment aussitôt une autre.

2. L'écrevisse. — Les *écrevisses*, dont la chair est légère et délicate, se prennent dans les rivières avec des appâts. Elles rougissent par la cuisson.

Les *homards*, les *langoustes*, sont de très grosses écrevisses de mer. — Les *crevettes* sont de petits crustacés, qu'on trouve sur les bords de la mer ou dans les ruisseaux. — Les *crabes*, qui habitent la mer, ont le corps large, recouvert d'inégalités. — Tous ces crustacés se mangent comme les écrevisses.

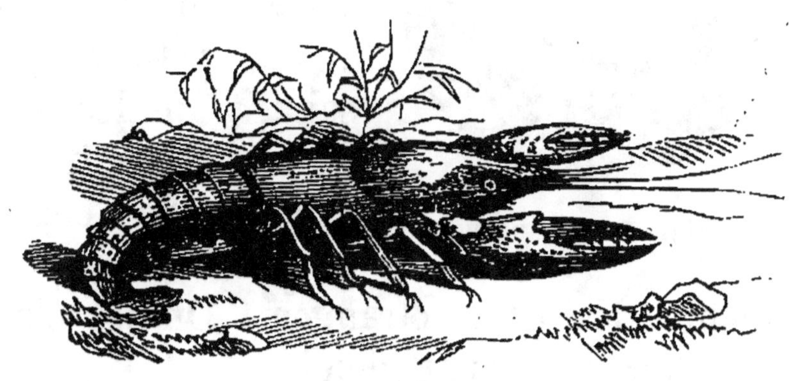

Fig. 36. — L'écrevisse.

3. Les vers. — Les *vers* habitent le plus ordinairement dans l'eau, quelquefois dans la terre humide ; tel est le *lombric* ou *ver de terre*, dont les pêcheurs à la ligne se servent comme d'appât. Il en est qui se construisent des espèces de fourreaux dans lesquels ils vivent.

4. Les sangsues. — Les *sangsues* vivent dans les eaux douces. Elles se nourrissent du sang des animaux, à la peau desquels elles font une ouverture à l'aide de trois dents tranchantes. — Le commerce des sangsues est un objet considérable de spé-

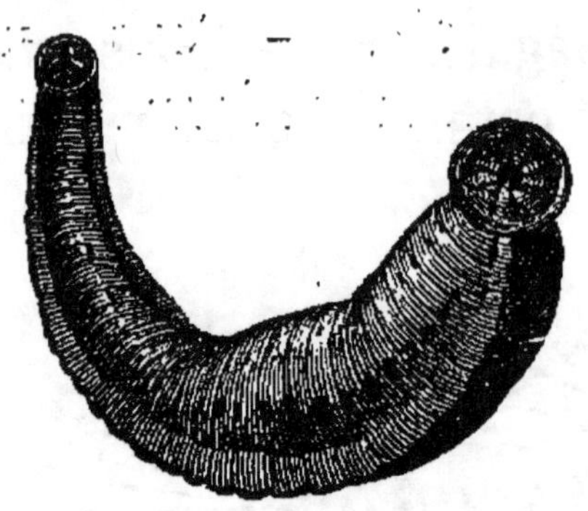

Fig. 37. — Sangsue.

culation à cause de la consommation qui s'en fait chez les malades auxquels on veut retirer du sang. On les tire non seulement du midi et du centre de la France, mais encore des pays étrangers. On les élève dans des étangs artificiels.

Questionnaire.

1. Qu'appelle-t-on crustacés? — Qu'offrent-ils de remarquable?

2. Parlez de l'écrevisse, du homard, de la crevette, etc.

3. Qu'avez-vous à dire sur les vers?

4. Parlez des sangsues et de l'utilité qu'on en tire.

CHAPITRE XXXII.

*Les mollusques : l'escargot, la moule, l'huître.
— Les zoophytes : le corail, l'éponge, etc.*

1. Les mollusques. — On donne le nom de *mollusques* ou animaux à coquilles, d'un mot grec qui veut dire *mou*, à des animaux qui habitent le plus souvent une coquille, et dont les membres sont remplacés par des espèces de bras ou d'appendices charnus. Leurs coquilles, de formes très variées, et souvent ornées des plus vives couleurs, sont sécrétées par la peau même de l'animal ; ils vivent dans les eaux douces et peuplent le fond des mers à des milliers de mètres de profondeur. — Il y a des mollusques que l'on mange ; quelques autres sont en usage dans l'industrie.

2. L'escargot. — L'escargot *de vigne* ou *colimaçon*, l'un des mollusques les plus communs, se niche dans quelque trou lorsque le froid commence à se faire sentir, bouche sa coquille et y reste engourdi jusqu'au retour du printemps. — C'est dans cet état qu'on le ramasse pour le manger.

3. Les moules. — Les *moules* habitent l'eau douce ou la mer. — Ces dernières sont presque toujours fixées sur les rochers à l'aide d'une espèce de soie, le *byssus*, qu'elles filent elles-mêmes. — L'espèce que l'on mange se pêche sur les côtes d'Europe; elle habite une coquille à deux pièces ou *valves*, d'un bleu noir.

4. L'huître. — Les *huîtres* vivent dans la mer, attachées aux rochers; elles sont dépourvues de pieds, et ne peuvent qu'ouvrir et fermer à volonté leur coquille. — On en trouve sur les côtes de l'Océan des *bancs* ou amas immenses, ayant quelquefois plusieurs lieues d'étendue, et qui font l'objet d'une pêche très productive. — C'est un aliment très recherché.

C'est dans des mollusques de ce genre que l'on trouve les *perles:* elles proviennent d'une matière nacrée qui transpire de l'animal, et qui, n'ayant pu se coller à la face intérieure de la coquille par suite de quelque maladie, se répand et forme de petites boules. — La *nacre de perle*, que l'on travaille pour divers objets d'ornement, est la même matière tapissant l'intérieur de la coquille. — On plonge à de grandes profondeurs dans les mers d'Asie pour en retirer ces précieux mollusques.

5. La sèche. — La *sèche* est un animal de forme très bizarre, ayant un demi-mètre environ de longueur ; elle a autour de la tête dix prolongements qui lui servent de bras. Sous la peau du dos on trouve une pièce ovale, formée de matière calcaire : c'est ce qu'on appelle l'*os de sèche*. On s'en sert pour polir plusieurs substances. — On retire aussi du corps de ces animaux une poche remplie d'une humeur brunâtre qu'on emploie dans la peinture sous le nom de *sépia*. — On pêche la sèche dans la plupart des mers de l'Europe.

6. Les zoophytes. — On appelle *zoophytes* ou *animaux-plantes* des animaux dont le corps, formé d'une masse gélatineuse, sans organes distincts, produit des dépôts pierreux qui présentent souvent la forme d'un végétal, ce qui leur avait fait donner le nom d'*animaux-plantes*. On les désigne aussi sous le nom de *madrépores*, *polypes*, etc. Ces singuliers êtres ne se déplacent pas d'eux-mêmes. Ceux qui n'habitent pas des tiges pierreuses flottent à la surface de la mer, fixés les uns sur les autres, comme des bourgeons sur une tige. Ils peuplent le fond des mers, dans lesquelles on les trouve jusqu'à une profondeur de 5 à 6 000 mètres. Leurs formes sont, d'ailleurs, très variées. Il en est qu'on utilise dans les arts; tels sont le *corail* et l'*éponge*.

7. **Le corail.** — Cette substance pierreuse rouge, avec laquelle on fait des bijoux, provient d'un polypier qui, fixé aux rochers de la mer et à une profondeur plus ou moins considérable, s'élevant à un demi-mètre environ de hauteur, ressemble à un arbuste sans feuilles. — Les polypes, sous la forme d'une chair vivante ou d'une écorce gluante, revêtent l'extérieur de cette tige,

Fig. 38. — Corail.

qui est elle-même le produit d'une matière qu'ils laissent transpirer. — La pêche du corail se fait principalement sur les côtes de la Méditerranée.

8. L'éponge. — L'*éponge* est aussi la demeure d'animaux semblables. On la trouve dans la mer, attachée sur les rochers, et se montrant sous les formes les plus singulières. — On la débarrasse de l'espèce de chair animée qui la recouvre, puis on la blanchit pour les besoins du commerce.

9. Les infusoires. — A l'aide d'un *microscope*, espèce de lunette qui grossit plusieurs centaines de fois les objets, on voit aussi dans quelques liquides, notamment dans le vinaigre, dans l'eau stagnante, dans la mer, une foule de petits animaux, ayant la forme de petits vers, et s'agitant avec une extrême rapidité. On les appelle *infusoires*. Leurs dimensions sont d'une petitesse qu'on s'imagine difficilement ; leur nombre est incalculable : un millimètre cube d'eau vaseuse peut en contenir plusieurs millions[1].

1. On donne le nom de *microbes* à des êtres animés extrêmement petits que l'on trouve, dans

Combien l'univers est immense, puisque les milliers d'êtres que nous connaissons n'en sont qu'une faible partie! Plus on étudie la nature, plus on reconnaît que la puissance de Dieu n'a d'égale que sa justice et sa bonté.

Questionnaire.

1. A quels animaux donne-t-on le nom de mollusques?

2. — Parlez de l'escargot.

3. — des moules.

4. — de l'huître, des coquillages qui produisent les perles.

5. — de la sèche et des produits qu'on en tire.

6. Qu'appelle-t-on zoophytes?

7. Parlez du corail.

8. — de l'éponge.

9. — des petits animaux appelés infusoires. — Quelle réflexion fait naître l'étude de la nature?

certaines maladies, dans le sang de l'homme et des animaux, où ils se multiplient à l'infini. On ne peut reconnaître leur présence qu'à l'aide des plus forts grossissements du microscope; leurs dimensions, comme celles des infusoires, ne dépasse pas quelques centièmes de millimètres.

FIN.